中国古代十大思想家

唯天为大者董仲舒

李朝阳　主编

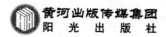

黄河出版传媒集团
阳光出版社

图书在版编目（CIP）数据

唯天为大者董仲舒 / 李朝阳主编. —— 银川：阳光出版社，
2016.8（2020.12重印）
（中国古代十大思想家）
ISBN 978-7-5525-2828-2

Ⅰ.①唯… Ⅱ.①李… Ⅲ.①董仲舒（前179–前
104）–哲学思想 Ⅳ.①B234.5

中国版本图书馆CIP数据核字(2016)第190108号

中国古代十大思想家　唯天为大者董仲舒　　　李朝阳　主编

责任编辑　陈建琼
封面设计　民谐文化
责任印制　岳建宁

黄河出版传媒集团
阳 光 出 版 社　出版发行

出 版 人　薛文斌
地　　址　宁夏银川市北京东路139号出版大厦（750001）
网　　址　http://www.ygchbs.com
网上书店　http://www.shop129132959.taobao.com
电子信箱　yangguangchubanshe@163.com
邮购电话　0951-5047283
经　　销　全国新华书店
印刷装订　河北燕龙印刷有限公司
印刷委托书号　（宁）0019183

开　　本　710 mm×1000 mm　1/16
印　　张　9
字　　数　168千字
版　　次　2016年11月第1版
印　　次　2021年1月第2次印刷
书　　号　ISBN 978-7-5525-2828-2
定　　价　27.00元

前　言

在中华民族长达五千年的历史长河中，勤劳勇敢的中国人凭借自身的聪明才智，创造了曾经领先于世界的古代物质文明，也创造了处于世界前列的古代精神文明。中国优秀的传统文化源远流长，深深根植于中华民族生存和发展的"土壤"中。

中华文化之所以能够屹立于世界民族之林，其原因是多方面的，其中十分重要的一点，就是智慧的中华民族，在长期的生产活动、社会活动、思维活动的过程中，逐渐创造、积累和发展了具有以生生不息的内在思想活力为核心的优秀传统文化。这些是"中华魂"的一个表现方面，是国学不可或缺的一个部分，是中华民族伟大而坚强的精神支柱，是民族凝聚力和生命力之所在，是亿万炎黄子孙引以为豪的无价之宝。

当然，我国的传统文化既有精华，又有糟粕。因此，我们持全盘肯定或全盘否定的态度是不对的。而一知半解、信口开河或以漠然的态度对待我们宝贵的传统文化同样也是不对的。

经过了一个多世纪的巨大的社会实验的验证，我们终于明白了一个道理：发展并不是一味地摒弃过去，发展的障碍往往是对过去的不屑一顾。也就是说，为了更好地走向未来，我们不能同过去的一切彻底决裂，甚至将过去彻底砸烂；而应该妥善地利用过去，在过去这块既定的地基上构筑未来大厦。如果眼睛高于头顶，只愿在白纸上构筑美好的未来，那么，所走向的绝不会是真正的未来，而只能是空中楼阁。

那么，我们该用怎样的态度去对待我们的传统文化呢？

1. **取精华，弃糟粕。**对待中国传统文化，就应该持辩证否定的态度，就像筛选谷物一样，去粗取精，去伪存真，就不会犯"要么肯定一切，要么否定一切"的形而上学错误。研究、分析中国的传统文化不是过多地探讨古人具体离奇的故事，而应有选择地学习民族精神中的独特优点和汲取精华部分。

例如儒家的"三纲五常"，如果依现代人看来，明显是糟粕，但是"三纲五常"最初的含义则是要我们对长辈、父母有一颗感激的心：比如"父为子纲"是发展到了一种极端的状况，开始的时候只是一种心灵的活动，父母养育子女，子女应该懂得感激和回报。这样，双方的心灵就会有一种互动，感受到对方的心意，这时，"情"才会出来，这就是性情的学问。如果从这个角度而言也有其可取之处的。再例如"君为臣纲"，封建社会要求臣下愚忠于皇帝，但皇帝是封建最高统治者，用皇帝的"朕即国家"来说，那也是爱国，忠君是糟粕，爱国却永远正确。

2. **淡形式，重内容。**形式和内容的关系是复杂的：同一内容，由于条件不同，可以有多种形式；同一形式也可以表现不同的内容；新内容可以利用旧形式，旧内容也可以利用新形式。内容与形式的关系并不是并列的、没有主从之分的，在两者之间，内容起着主导的、决定的作用。内容决定形式，形式为内容服务，这是文学作品内容和形式的一般关系。

我们学习传统文化也是如此，"师古不泥古，师古不复古"，并不是穿汉服、行官礼才是传统文化。学习传统文化要重在领会传统文化的精神和思想理念，其目的是为了滋养人格，领悟思想，改善行为。

3. **既传承，又创新。**创新，是传承基础上的创新，继承也是创新基础上的继承。继承传统的目的并不是固守传统，而在于推陈出新。创新是继承中的变革，渐进中的变革。传统文化要"古为今用"，弘扬传统文化时要注意传承，更要创新。

4. **先要学，后要用。**孔子说："学而不思则罔"。学习重在学用结合。只有学用结合，才能取得良好的学习成果。与纯粹的历史学不一样，弘扬中国传统文化有追求现实进步的含义，是"扬善"和"留美"，既要学，更在用，不是"坐而论道"，这是传统文化在新时期的价值归宿。即使是提倡"清静无为"的道学，老子在《道德经》中也是倡导"以正治国、以奇用兵、以无事取天下"，而不是一味在书房朗诵"道可道，非常道"。

如儒家的"上善若水，厚德载物"思想，完全"古为今用"。其大致意思是：人的善心应该像水一样。水善于滋润万物而不与万物相争，停留在众人都不喜欢的地方，因此最接近于"道"。最善的人，最善于选择地方，心胸善于保持沉静而深不可测，待人善于真诚、友爱和无私，说话善于恪守信用，从政善于精简处理，能把国家治理好，做事能够善于发挥所长，行动善于把握时机。最善的人所作所为正因为有不争的美德，因此没有什么过失，也就没有咎怨。

"上善若水，厚德载物"也是现代很多企业价值观的核心。结合现代企业而言，企业所提供的产品或者服务本身就是服务于民众，解决社会的一些供求矛盾，而不是单纯的利润追求，这本身就是为善。当他们在为社会和民众服务得到一定的利润后，继而考虑把利润中的一部分拿出来继续投入到社会的发展中去，当然这也包含企业投入成本提高服务的品质或者产品的科研开发等等，而更重要的是很多企业也把很多的利润拿出来为社会的公益事业服务。

纵观我国古代思想史，最有成就和影响最大的十位思想家是：老子、孔子、孟子、庄子、荀子、董仲舒、朱熹、王阳明、黄宗羲、王夫之。他们的思想反映了中国古代思想发展的主要线索。

在物质欲望极度膨胀、科技文化高度发达的现代社会，许多人陷入了超重的生活而不自知。所以，现代人寻找精神家园、追寻生命的本真、探索思想的原始呼声就越来越高。

在本套丛书中，我们深入浅出地分析了中国古代对后世影响最深远的十大思想家的思想观念，力图呈现他们的思想特质。我们萃取他们的人生智慧，以期对现代人有所启迪。有人在怀疑古代思想家的智慧是否已经过时了，我们要说的是：古代十大思想家的智慧不会过时，历史的风雨不会使他们的智慧褪色。他们的智慧是人类的大智慧，既然是人类的大智慧应当属于所有的时代。他们的很多思想精髓能够滋养我们的精神，他们的很多人生智慧都能帮助我们解决现实的人生问题。

十大思想家似人世间的棋艺高手，以人世间的大智大慧将做人原则和治世理念，生存体验与生活智慧，精神境界和价格修养等等摆在一张棋盘上，不断变幻出深奥的棋局。他们以人性的目光关注纷繁复杂的社会人情，他们看重道德修养，他们的思想影响着中国封建社会几千年的礼乐文化、政治文化、制度文化、伦理道德、思维方式、价值观念、风俗习惯甚至治国安邦的总体思路。这些都是我们中华民族宝贵的精神财富。

让我们一起来聆听圣哲教诲，汲取人文给养吧！

目　录

第一章　董仲舒一生轨迹 …………………………………… 1

　　韬光养晦,潜心修行 ……………………………………… 2

　　雄才大略,出世践儒 ……………………………………… 3

　　治经讲学,勤于王事 ……………………………………… 4

　　众儒之首,皇帝推崇 ……………………………………… 6

　　推测怪异,惹怒武帝 ……………………………………… 7

　　天人三策,武帝赏识 ……………………………………… 7

　　两任国相,称病辞职 ……………………………………… 13

　　引经断案,公正廉明 ……………………………………… 14

　　今文经学,《春秋繁露》 ………………………………… 15

第二章　董仲舒的封建伦理观 …………………………… 17

　　"三纲"封建人伦论 ……………………………………… 18

　　"五常"封建道德论 ……………………………………… 22

第三章　董仲舒的"天人感应"学说 …………………… 29

　　自然神论,天为"元"本 ………………………………… 29

　　"天人感应",应势而出 ………………………………… 33

　　天人互感,受命于天 ……………………………………… 36

　　人生于天,取化于天 ……………………………………… 38

　　天人合一,君权神授 ……………………………………… 43

　　万世亡弊,变而有常 ……………………………………… 45

第四章　董仲舒的社会政治思想(一) ………………… 51

　　政治一统,思想一统 ……………………………………… 52

改革政治,改革经济 …………………………… 59

政法改革,原心论罪 …………………………… 63

第四章 董仲舒的社会政治思想(二) ……………… 66

举贤任材,广纳儒生 …………………………… 66

教化兴学,养士求贤 …………………………… 69

王者之道,取象于天 …………………………… 73

德教为主,刑罚为辅 …………………………… 79

治国之道,积贤为要 …………………………… 81

第五章 董仲舒独特的认识论 …………………… 84

尊天之道,法天立道 …………………………… 84

辨物之理,名生于真 …………………………… 87

审察得失,辨别是非 …………………………… 89

无类类比,循名得理 …………………………… 94

第六章 董仲舒的人性论思想 …………………… 97

善恶并存,王教而善 …………………………… 98

"性三品"说,开山鼻祖 ……………………… 102

第七章 董仲舒的进化历史观 …………………… 107

应天改制,应天治礼 ………………………… 107

为政不行,善治必更 ………………………… 111

历史变迁,自行调节 ………………………… 112

第八章 董仲舒补漏拾遗 ……………………… 116

董仲舒故里的考究 …………………………… 116

封建理论体系构建者 ………………………… 119

《公羊春秋》大师 …………………………… 120

综合先秦诸子 ………………………………… 121

董仲舒与胡毋生 ……………………………… 123

"天人合一"说的发展 ………………………… 125

附录:董仲舒年谱 …………………………… 130

第一章　董仲舒一生轨迹

董仲舒（约前192—约前104）中国汉代思想家，政治家。景帝时任博士，讲授《公羊春秋》。汉武帝元光元年（前134），董仲舒在著名的《举贤良对策》中，提出他的哲学体系的基本要点，并建议"罢黜百家，独尊儒术"，被汉武帝所采纳。其后，任汉江都易王刘非的国相10年；元朔四年（前125），任胶西王刘端的国相，4年后辞职回家。此后，居家著书，朝廷每有大议，令使者及廷尉就其家而问之，仍受武帝尊重。董仲舒以《公羊春秋》为依据，将周代以来的宗教天道观和阴阳、五行学说结合起来，吸收法家、道家、阴阳家思想，建立了一个新的思想体系，成为汉代的官方统治哲学，对汉初一系列哲学、政治、社会、历史问题，给予了较为系统的回答。

董仲舒在学术上的最大贡献，就是创立了"三纲学说"。长期以来，理论界都将"三纲"当作儒家思想。董仲舒著作很多，据《汉书·董仲舒传》称："凡百二十三篇"，另外还加上评《春秋》的《玉杯》等数十篇十余万文字。现在尚存的有《春秋繁露》及严可均《全汉文》辑录的文章两卷，《春秋繁露》的宗旨在于阐发《公羊春秋》的"微言大义"。

为了巩固专制的中央集权制度，董仲舒提出"罢黜百家,独尊儒术"。从那以后，儒家思想逐渐与统治阶级结合而成为中国几千年的正统思想。董仲舒把儒学神学化，为当时封建制度提供了主要的理论根据，因而他被尊为众儒之首，成为汉代和整个中国封建社会的重要理论家。

董仲舒的一生，可以说是治经、著述、建构封建社会理论大厦的一生。在我国封建社会建立之初，其统治思想经历了三次变化，起先是秦始皇推行的法家思想，继之是西汉前期统治者所崇尚的黄老思想，但这两者均未能长期占据统治地位，最后到汉武帝时，董仲舒提倡的"新儒学"登上了统治思想的宝座，才成为封建社会长期占统治地位的意识形态。这是董仲舒所完成的封建社会意识形态领域的重大变革。

韬光养晦，潜心修行

汉孝惠高后之时，朝廷中的公卿都是功臣贵戚，不容书生分羹。文景之时，名士硕儒之中有很多博学之人，如精通《诗》的博士（汉朝的官名）有辕固生、韩婴，精通《书》的博士有张生、欧阳，精通《春秋》则有胡毋生、董仲舒。另外还有很多精通《孟子》《尔雅》《孝经》的人。但文帝喜欢法家，景帝不看重儒生，所以儒生只不过做事领俸而已，没一个受到重用。再加上窦太后（景帝之母）喜欢黄老之术，那些博士不仅难以儒业得幸，而且还有触忌犯讳的顾忌。窦太后曾问精通《诗》的博士辕固生关于《老子》方面的知识，辕固生说《老子》是浅俗的"家人之言"，窦太后很气愤，并令辕固生与野猪相斗，幸而景帝给他一柄利剑，才免于横死。众博士看在眼里，惧在心上，哪里有时间宏扬儒业，弘扬先王之德？有的竟纷纷找借口辞掉博士之职，逃之夭夭，如韩婴出任常山太傅，胡毋生干脆以年老为由，告老归家，在故里教授学生。

董仲舒在此期间亦韬光养晦，政治上毫无建树。但他并没有消极适世，他一方面广招生徒，私相传授，为汉朝培养了一批推行儒学的合格人才。《史记》说董仲舒弟子通经学者"以百数"，而且都很出色，褚大为梁相，嬴公为谏大夫，吕步舒为丞相长史，吾丘寿王（人名）则官至光禄大夫侍中。大史学家司马迁也曾师从董仲舒，《史记》中对董仲舒的《春秋》之学多所阐发；也正是受孔子困厄的时候著《春秋》、左丘明眼睛瞎了还在写《左传》事迹的鼓舞，在受酷刑的情况下，司马迁发愤撰著《史记》这部千古名著。另一方面，董仲舒又谨慎地观察现实，潜心地研讨百家学说，特别是深研汉初以来一直占统治地位的黄老之学。他要构建一个前所未有、兼容诸子百家的新儒学体系，以适应西汉社会大一统之局，以求积极有为之效。他在待价而沽，应时而出！

雄才大略，出世践儒

从孔子创立儒学时起，就要求自己的门徒"学而优则仕"，即通过做官来实践儒术，这就是所谓"经世致用"。"经世致用"的最高准则或要求，就是所谓的"修身、齐家、治国、平天下"。董仲舒将经过自己改造和丰富发展了的新儒学，用以"治国、平天下"，那是在具有雄才大略的汉武帝临政及其实行诏贤良、行策问之后。这个机会对董仲舒来说虽然已是姗姗来迟，即接近"耳顺之年"(60岁左右)，但他还是抓住了这个机会，崭露了头角，一连三次对策，武帝对其很满意，从而成为举国闻名的大儒，儒术也因此而一跃登上独尊的地位。这是儒学出世以来所从未有过的地位。儒学之所以能够独步天下，固然同董仲舒的前辈的努力分不开，但首功应归董仲舒。不过，董仲舒虽借此机会登上了江都易王的相位，但此后他仍历经坎坷，始终未得到朝廷的重用，最后只好在"致仕悬车"之年辞去国相的职务，回归故里。在此需要说明的是对策年份，对此历来就存在很大分歧，有建元元年说，有建元五年说，有元光元年说，有元光五年说。

武帝即位，很想有大的建树，所以在建元元年即下诏丞相、御史、列侯"举贤良方正极谏之士"。到元光元年初，又令"郡国举孝廉各一人"，五月即"诏贤良"，行对策，董仲舒著名的"天人三策"就诞生于这时。汉武帝在其策问的开头便提出"欲闻大道之要，至论之极"的要求，也就是要董仲舒给他阐述如何巩固封建王朝，特别是使汉王朝能够世代相传的根本理论。而在他的第一策问中着重提出了五帝三王之道何以兴衰，特别是"三代受命，其符荄在？灾异之变，何缘而起"以及"何修何饬"才能"膏露降、百谷登、德润四海、泽臻草木""施乎方外，延及群生"的问题，这实际上也就是提出了天人关系问题；第二次策问主要是说，帝王之道本来有相通的地方，可是虞舜游于产郎(地名)，而周文王即日昃不暇食，何逸劳如此不同？这实际上提出的是如何才能善治的问题，也就是政术之要在哪里的问题；第三次策问明确提出"天人之应"的问题以及三王之道何以不同的问题。

董仲舒正是循着武帝策问的路子，以天人之际、特别是天人感应思想为核心，阐

述了天变道亦变的政治改革主张,具体提出了维护和巩固汉王朝统治的以下几个方面的重大方策:

1.君权受命于天,"王者欲有所为,宜求其端于天""承天意以从事",即把君权与神权结合为一。

2.继治世者道同,继乱世者道变,汉在大乱后继秦,必须"更化"秦朝的严刑峻法,改行德主刑辅,以德化民的王道之政。

3.行王道必须兴太学,置明师,任用贤能。

4.大一统,"诸不在六艺之科、孔子之术者,皆绝其道,勿使并进",此即所谓"抑黜百家,独尊儒术"之策。

这四条构成了一套完整的政治体制和指导思想即意识形态体系的大纲。从总体上来看,他提出的这四条,是符合当时的时代要求的,首先是适应了当时反对地方割据、加强以封建皇帝为代表的地主阶级中央政权、减轻人民负担和发展社会生产力的需要,同时也圆满地回答了武帝的策问及符合了其欲有大建树的要求,这对解决当时的社会矛盾无疑是有积极意义的。因此,不仅不能说董仲舒是反动的思想家,相反,应该说是汉朝新兴地主阶级的一个了不起的政治、思想改革家。

治经讲学，勤于王事

《汉书·董仲舒传》所说:"少治《春秋》,孝景时为博士,下帷讲诵。"治经讲学贯穿了董仲舒的一生。

董仲舒出身于汉代广川的一个白衣地主家庭。家庭富有、田产颇多、牛马成群,且有大批藏书。这就为他少年求学准备了极好的条件。他的少年时代,正值汉兴之初的孝惠、高后及文帝初年,曹参、陈平、周勃等为相,实行休养生息的政策,外姓藩王已基本平定,刘氏藩王尚在年幼,国内太平无事,百姓安居乐业;特别是"汉兴改秦之败,大收篇籍,广开献书之路",孝惠四年时又"除挟书律",于是孝文时"天下众书往往颇出,皆诸子传说",这就为董仲舒勤奋修学,研读经书,提供了良好的客观环境。

董仲舒自幼学习就非常刻苦，专心一意。《汉书·董仲舒传》中对他有"盖三年不窥园，其精如此"的赞誉，《太平御览》上也有所谓"尝乘马不觉牝牡，志在经传也"的记述，可见其研读经传已达到了如醉如痴的地步。董仲舒的这种刻苦读经、专心致思的精神一直保持到晚年，所以才有了桓谭所说的那段话："董仲舒专精于述古，年至六十余，不窥园中菜。"后来，王充对于董仲舒研读《春秋》的"专精一思"精神，也非常称赞和推崇。

董仲舒读儒经不但专精，而且身体力行，所以修成有名的儒学大师。如本传所说："进退容止，非礼不行，学士皆师尊之。"亦如刘歆所言："仲舒遭汉承秦灭学之后，六经离析，下帷发愤，潜心大业，令后学者有所统壹，为群儒首。"正是因此，到景帝时，董被立被授予博士的职务，到汉武帝对策时，才一举成名。

董仲舒雕塑

董仲舒之所以后来能成为儒学大师，绝不单纯是他熟读儒经所致，而且还因其广泛学习了先秦诸子百家之学，其最重要的是阴阳五行家的思想。例如他在《春秋繁露》中，就广泛吸收了阴阳五行的观念，用于他提出的"天人感应"说及"三统说""仁义说"等，即表现了这一点。这就是说，董仲舒之成为名儒，同其以阴阳五行说解经是分不开的。《汉书·五行志》说："汉兴，承秦灭学之后，景、武之世，董仲舒治《公羊春秋》，始推阴阳，为儒者宗。"

董仲舒学成之后即开始了他的教学生涯，后来随着名声的扩大，被景帝立为博士。与他同时立为博士的还有胡母生、辕固生等。但因景帝不任儒，窦太后又好黄老术，故诸博士"具官待问，未有进者"，就是说没事干，所以他仍然"下帷讲诵"。当时董仲舒的声望很高，门徒甚众，所以他讲课都不直接面授，而是"弟子传以久次相授业，或莫见其面"。董仲舒讲学，主要是教授儒家经典，特别是《公羊春秋》。太史公司马迁曾听过董仲舒的讲诵："余闻董生曰：'周道衰废，孔子为鲁司寇，诸侯害之，大夫雍之。孔子知言之不用，道之不行也，是非二百四十二年之中，以为天下仪表，贬天子，退诸侯，讨大夫，以达王事而已矣。"这表明，董仲舒之所以治《春秋》和讲诵《春秋》，就是要用孔子所作二百四十二年的春秋之是是非非，为天下仪表，以"达王事"，即行王道，为以皇帝为代表的封建王朝服务。

众儒之首，皇帝推崇

汉惠帝四年，即公元前191年，汉王朝废除了秦朝私藏诗书灭门的法令。董仲舒家有大批藏书，因此他从小就潜心于钻研儒家学说。他阅读了大量的经传著作，而且对《公羊春秋》下了很大工夫。

到他30岁时，已成为对《春秋》深有研究的大学者。但他并没有走上仕途为官的道路，而是开始了他的教书生涯。有些人尊称他是"汉代孔子"。于是董仲舒招收大批学生，宣扬儒家经典，开始传播他的思想。董仲舒教出了大批学生，他的思想也成为当时流行的学说。在当时新兴起来的一批学者，董仲舒已成为最著名的一个。他成了当之无愧的"众儒之首"。汉景帝时，董仲舒做了博士。尽管这不是一个政治性的职位，但使董仲舒能够进入统治阶级的最高层，并且为以后他以自己的主张影响皇帝打下了基础。这一个时期，董仲舒的思想体系已然形成。他以后的经历，都是在完善和推行自己的思想。这个时候，董仲舒不但有了一定的政治地位，而且有了自己的政治理想。就在董仲舒的思想进一步成熟之时,西汉王朝也在发生着深刻的变化。

公元前 140 年,汉武帝刘彻即位。封建统治阶级处于上升时期,他们希望"有为",需要比黄老之学更合适的旗帜。而儒术一向主倡"一统""仁义""五伦",显然是最佳的选择。董仲舒作为当时的鸿儒,又具有一定的政治地位和与皇帝接触的机会,自然是首倡统治者与儒术结合的最佳人选。

推测怪异,惹怒武帝

董仲舒喜欢谈论神秘莫测之事,善为灾异之说。元光 5 年(公元前 130 年)董仲舒为辽东高庙和长陵高园殿发生火灾,推说其意,写成《灾异之记》草稿,尚未上书皇帝。主父偃私见其稿,因为嫉妒董仲舒,所以将《灾异之记》草稿偷窃出来上奏朝廷。汉武帝将它交与朝中诸儒审阅,其中有讽刺时政的文字。汉武帝一怒之下,把董仲舒打下了大狱,虽然后来汉武帝看重他是著名的经学大师,又下诏赦免他的罪名,官复中大夫的职务,让吾丘寿王向他学习《春秋》公羊学,但是董仲舒再也不敢谈论灾异。

天人三策,武帝赏识

汉武帝刚一即位,就命令群臣选出"贤良文学之士",把他们召集起来,由武帝亲自考试。他以皇帝的名义提出问题,叫那些"贤良"们对策。董仲舒在回答汉武帝的奏章中把自然的发展变化和上天的意志合为一体,把皇权统治与天的意志结合起来。关于对刑罚提出看法,董仲舒又大肆宣扬了一番儒家思想。

在这个基础上,董仲舒提出了自己的一系列主张。他向汉武帝提议用儒家的思想来教化万民。汉武帝看到董仲舒的对策,感到十分惊奇,他终于发现了最适合于自己的思想基础。于是他对董仲舒十分满意。董仲舒也由此进入了一生中最重要的历程。然而，由于汉初以来崇尚"黄老之学"，奉行"无为"的政策，而且当时，太皇太后——汉文帝的皇后窦氏还没有去世，她十分喜欢并始终坚持黄老之学，所以汉武帝的"有为"的方针政策还是有相当大的阻力的。

因此，汉武帝特别就这个问题进行了第二次"册问"，要贤良们再对策。董仲舒又写了一篇近两千字的"对策"之册，进一步阐述了自己的政治观点。然而字里行间，无处不充溢着儒家的思想，并花了大部分篇幅向汉武帝建议实行"有为"之策，更系统地提出了为君之道和治理天下的手段，对汉武帝起到了更大的影响。他还顺承在头一次奏章中的提议，建议汉武帝兴办太学，选派明师，宣传和发扬儒家的思想学说。而且还建议改革吏制，让诸侯、郡守和其他高级官员每年选择两人推荐给皇帝，选得好的官员有赏，惩罚选择了坏人的官员。这样，天下的贤士都可被发现，授之以官而使其材。董仲舒的两次"对策"逐渐深入而明确地提出了尊儒兴教，德刑并施的主张，赢得了汉武帝的充分信任。

汉武帝不久以后又进行了第三次册问，主要是关于天人感应的问题。这一次，董仲舒的对策中，不但宣扬了天人感应，还进一步阐述了自己的主张。尤其独特的是，他在文章中明确提出罢百家尊儒术，"臣愚认为诸不在六艺之科、孔子之术者，皆绝其道，勿使并进"。董仲舒的罢百家尊儒术的观点，得到了汉武帝的认同，汉武帝由此施行了一系列措施，对当时的社会和历史的发展起了重大的作用。这一切都源于董仲舒所提供的思想基础。现将"天人三策"的主要内容介绍如下：

第一策

第一策主要是"天命"和"性情"问题。汉武帝问："三代受命，其符安在"；"灾异之变，何缘而起"；"性命之情"，为何有善恶良莠之分？就当前形势而言，"何修何饬"，才能使"百姓和乐"，祥瑞普降呢？董仲舒说，有天命存在，灾异就是天与人的对话："天人相与之际，甚可畏也！国家将有失道之败，而天乃先出灾害以谴告之；不知自省，又出怪异以惊惧之；尚不知变，而伤败乃至。天人之间的关系是十分微妙的。国家政治有失，天就出现灾害来谴责他；如不知道自我反省，又出怪异现象来警告他；如果还不知悔改，天才改变成命，使其丧邦失国。"这就是"天人感应"，天和人可以互相感应，互相影响。他说王者将要做天下的王的时候，上天必出现一种非人力所能引起的征兆，此即"受命之符"。

如果"天下之民同心归之，若归父母，故天瑞应诚而至"。《尚书》记载，周之文武将兴，兵渡盟津，白鱼跃入王舟；有火覆盖在王屋上，又忽然流动，变成了红羽乌鸦。这就是三代受命之符。祥瑞不是凭空产生的，她是对美德的报答，是王者世世代代"积善累德"的效验。孔子说"德不孤，必有邻"就是这个道理。那么灾异又是怎样产生的呢？他认为这是"废德教而任刑罚"的结果。刑罚不中就生邪气，邪气积于下，怨气聚于上，上下不和，阴阳之气就不会协调，阴阳失调就产生妖孽，于是灾异就出现了。天瑞与灾异虽是天的旨意，但都是根据帝王的所作所为作出的应答。对于人性善恶问题，董仲舒说：命者天之令也，性者生之质也，情者人之欲也。或夭或寿或仁或鄙，陶冶而成之，不能粹美，有治乱之所生，故不齐也。命是上天的指令，性是生命的本质属性，情是人的欲望情感。人的性情有仁与不仁，寿命有长有短，都是造物者（陶冶）和社会环境（治乱）作用的结果。天命无法改变，而社会环境却可以改良。

孔子说："君子之德风，小人之德草，草上之风必偃（向风而倒）。"因此，尧舜行德政其民就仁厚长寿，桀纣行暴政其民就贪鄙夭折。可见人民的好坏善恶全在你皇帝老儿的所作所为了。"上之化下，下之从上，犹泥之在钧，唯甄（塑造）者之所为；犹金之在熔（熔炉），唯冶（铸造）者之所铸。"当务之急该怎么办呢？董仲舒提出"法天""正始""教化""更化"四策。法天的原理本之《春秋》。他说，稽考《春秋》之文，求王道的端绪，找到一个"正"字。《春秋》开篇即说"春王正月"，正字排在王字之后，王字又排在春字之后，春是天体运行方式，正是王的行动方式，这个排列顺序表达的意思就是：王者"上承天之所为（天道），而下正其所为（人事）"。那么王者被有所为就当求之于天道了。天道是什么？他说：天道之大者在阴阳。阳为德，阴为刑；刑主杀而德主生。是故阳常居大夏，而以生育养长为事；阴常居大冬，而积于空虚不用之处。以此见天之任德不任刑也。天道有阴阳，人间有德刑。天以阳气为主，以生养为德；人亦应以德政为生，以生成为意。可是"今废先王德教之官，而独任执法之吏治民，毋乃任刑之意与"？施虐政于天下，而望德教遍于四海，岂不是南辕北辙么？正始之意亦发自《春秋》。《春秋》第一篇是"鲁隐公元年"，为何谓一为元呢？他说："一者万物之所始也，元者辞之所谓大也。谓一为元者，视大始而欲正本也。"

董仲舒认为，政治之本在百官，百官之本在朝廷，朝廷之本在君主，君主之本在宸衷，"故人君者，正心以正朝廷，正朝廷以正百官，正百官以正万民，正万民以正四方（四裔）。"天下正与不正，就视你君心正与不正。天下四方都正了，没有邪气干扰于天地之间，阴阳调和，风雨得时，五谷丰登，民生幸福，四海来宾，若此，福物祥瑞，莫不毕至。

统治者"自正"后，施教于民则可以"正民"。董仲舒认为当时"美祥莫至"的另一原因是"教化不立而万民不正"。他说："夫万民之从利也，如水之走下，不以教化堤防之，不能止也。"老百姓都是追逐物质利益的，不用教化为堤防就会有作奸犯科之事发生，因此帝王驾驭天下，"莫不以教化为大务"。他建议汉武帝："立大学以教于国，设庠序以化于邑，渐（浸润）民以仁，摩（砥砺）民以谊（义），节民以礼。"自古以来，凡是"刑罚甚轻而禁不犯者"，都是由于"教化行而习俗美也"。更化讲革除积弊，改弦更张。圣人继乱世，应当干净彻底地扫除其残风余孽，万象更新，然后再修明教化来美化风纪。可是秦承晚周之敝，非但不改，且有过之而无不及。

秦始皇反对习儒雅，禁止民间收藏诗书，抛弃礼义，尽灭先王之道，独断专横⋯真是"以乱济乱，大败天下之民"，所以得天下才14年便灭亡了。汉承秦制，无所更改，"其遗毒余烈，至今未灭"，使习俗鄙薄丑恶，人民卑劣嚚顽，好勇斗狠，欺上悯下，低级下流到了极点！于是"法出而奸生，令下而诈起"，恶习不除，有新的法令必有新的奸诈。正如"以汤止沸，抱薪救火"，法令再多也无济于事。孔子说："朽木不可雕也，粪土之墙不可污（粉饰）也。"现在汉承秦之敝，正如朽木粪墙，不加革除，终不可救。他比喻说："琴瑟不调，甚者必解而更张之，乃可鼓也。"同理，"为政而不行，甚者必变而更化之，乃可理也。"汉家得天下以来，常欲善治却得不到善治，其原因就是"当更化而不更化"所致。临渊羡鱼，不如退而结网；临政愿治，不如退而更化！更化的内容就是励行"仁义礼智信"正常之道，五者修饬，故受天之佑，享鬼神之福。一句话，就是要革除亡秦以法为治的恶政，改变汉初因循守旧的惰习，力行儒家仁义礼智，积极有为的政治风化。

第二策

第二策共四个问题：

1. 黄老无为和孔孟有为的问题。武帝问：尧舜之时，"垂拱无为，而天下太平"；周朝文武王时，勤勉工作，"至于日昃（斜）不暇食，而宇内亦治"。帝王治世之道，难道不同么，董仲舒说那是由于尧舜和周朝的文、武王所遇到的形势不同。尧在位时，"众圣辅德，贤能佐职，教化大行，天下和洽"；舜又因之，有禹为相，"是以垂拱无为而天下治"。周文武则不然，"当此之时，纣尚在上，尊卑混乱，百姓散亡，故文王悼痛而欲安之，是以日昃而不暇食也"。无为与有为皆有其历史合理性。不过现在是：汉承秦敝，非力行有为不可！

2. **黄老尚质与儒学尚文问题。**武帝问："俭者不造玄黄旗旗之饰"；可是周家，却甚其文饰。难道帝王之道旨趣不同吗？有人说"良玉不琢"，又有人说"非文无以辅德"，此二端亦互相矛盾。董仲舒说，制度文章，是用以"明尊卑，异贵贱，劝有德"的，孔子说，过分奢侈太骄矜，过分俭朴又鄙陋，可见过俭也不是恰当的。所以《春秋》中，君王受命之先即"改正朔，易服色，所以应天也。"良玉不琢，是因其资质润美，不必刻琢；但常玉不琢，就不成文章。同理可证："君子不学，不成其德。"

3. **任德与任刑问题。**武帝问：周之成康，刑罚不用，四十余年，囹圄屡空；秦人用严酷之刑，死者甚众，却奸邪不止。其故何也？董仲舒曰：周前有武王行大义，有周公制礼乐，到成康时才出现刑措不用的局面，"此亦教化之渐（浸润）而仁义之流（风化），非独伤肌肤之效也。"秦朝则不然。"师申商之法，行韩非之说"，不行五帝三王之道，以贪狼好战为俗，对下又没有文德教训。于是在上者贪得无厌，在下者风俗退化，再加之任用"残酷之吏"，聚敛无度，民失其业，"群盗并起"，因此刑虽重而奸不息，此乃"俗化使然也"。

4. **现实问题。**武帝问：我以农为本，任用贤人；亲自耕田，劝孝崇德，问勤恤孤……为了天下真是夙兴夜寐，"尽思极神"了，但"功德休烈"并未实现。"今阴阳错谬，氛气充塞；群生寡遂，黎民未济；廉耻贸乱，贤不肖混淆"。其因何在？董仲舒认为其因有三：一曰"王心未加"，二曰"士素不励"，三曰"长吏不明"。前者说的是指导思想，"王心"即王道，亦即儒学的仁义之道，言武帝虽则兢兢，但未从仁义之道出发，人民未普遍受其恩泽，难以成就"功德休烈"。后二者讲教育和选举问题。他说，皇帝一心求贤固然可嘉，但是士人未加教育，士行未加砥砺，上哪去求贤呢？因此常是朝廷有求贤之诏，而郡国却无贤可荐。于是董仲舒重申："兴太学，置明师，以养天下之士；数考问以尽其才；则英俊宜可得矣。"郡守和县令是民众的师长表率，起着承德宣化的作用。如果郡守和县令不贤，主上的德就得不到宣扬，恩泽得不到流布。现在的守令不但不能起教育作用，有的还不奉行天子的法令，暴虐百姓，与奸人为伍，使贫苦人民流离失所。董仲舒进而将矛头直指当时的官制：汉代官吏的来源主要有"郎选""任子"和"赀选"，郎选，即皇帝近卫侍臣到期迁官；任子，二千石（高干）可恩前子弟为官；赀选，即有钱人以钱买官做。这三种形式的任官都不考虑实际才能和品行。于是董仲舒提出"岁贡贤才""量才授官"两策。也就是要列侯、郡守、二千石，每年荐贤两名以供宿卫；并以此考察大臣的贤否，如果所荐贤能则有赏，不贤则有罚。这就迫使大臣们以求贤识贤为事，天下之奇士就可得而使了，遍得天下之奇士，天下何愁不治！同时，在官员升擢问题上，董仲舒疾呼："毋以日月为功，实试贤能为上。量才而授官，录德而定位。"这就使贪与廉、贤与不肖判然两途，容易辨别了。

第三策

第二策在意识形态上调合孔老，而归宗儒本，这反映黄老思想在西汉流行数十年之后给儒者造成的畏惧心理，因为辕固生下圈斗彘、赵绾和王臧下狱至死的殷鉴不远；同时这也是董仲舒多年潜心研究诸子百家，悉心融合儒道之学的学术成就。他对西汉官制的抨击，点中要害。但是，他把西汉社会未臻大治的原因归结为教育和吏制的失误，就显然将问题简单化了。在武帝看来，其调和孔老有似于模棱两可，其论世事又不深不透，自然不能让亟欲刷新政体、力矫时敝、雄心勃勃的少年天子满意。于是三降纶音，重申天问。在策文中，武帝责问董仲舒对策"文采未极""条贯未尽"，说理囵囵，欲言又止，难道是对"当世之务"有所顾虑，对"王听"有所怀疑么？要他就"天人之应""古今之道"与乎"治乱之端""悉之就之，孰（熟）之复之"，透彻地说，就是要董仲舒不要有任何顾虑。对于天人问题，董仲舒进一步申明"天人感应"说，认为天是"群物之主"，包润万类，无不容纳。"故圣人法天而立道"：春者天之所以生也，仁者君之所以爱也；夏者天子所以长也，德者君之所以养也；霜者天之所以杀也，刑者君之所以罚也。天有春生夏长冬杀，人也有仁慈德爱刑罚，天有是理，人有此行，这就是"天人之征"。关于古今之道，汉武帝问曰："或谓久而不易者道也"，何"三王之教所祖不同，而皆有失"，是不是道也有不同？道也有弊端呢？言下之意：有没有一个万古不变，百世奉行，而又有利无弊的经常之道呢？对此，董仲舒作了肯定的回答，提出了著名的、影响千载，同时又是毁誉不一的哲学命题：道之大原出于天，天不变，道亦不变！后来的很多学者认为这是形而上学主义。

两任国相，称病辞职

董仲舒与汉武帝一问一答之间，十分投机，通过这"天人三策"，董仲舒促成汉武帝进行了"罢黜百家，独尊儒术"的改革，而他自己则被汉武帝任命为"江都相"。董仲舒离开当了几年的"博士"之位，前去江都（今属江苏）做江都王刘易的国相。

董仲舒当了 9 年的江都相，出色的措施不多。相反，他以《春秋》为依据，经常推演阴阳的运行，搞一些求雨祈神之类的事，然而没有多少成效。可是，董仲舒仍然热衷于神学的一套。高园"火灾"，他上奏章说，这火灾是上天发怒，汉武帝大怒，要问罪董仲舒，甚至处死。幸亏他名声很大，又加上其弟子等人求情。最后虽未被杀，却被贬为中大夫，丢掉了江都相的职位。

董仲舒又教了 10 年的《公羊春秋》。10 年后，丞相公孙弘推荐董仲舒担任胶西王刘瑞的国相。实际上，公孙弘嫉恨董仲舒。他推荐董仲舒做胶西相，是想借胶西王之手杀掉董仲舒。董仲舒无可奈何，只好受命上任。这时董仲舒已 54 岁。胶西王听说董仲舒是当代大儒，对他还比较客气。董仲舒却觉得自己已经年老，又有了一次教训，成天唯唯诺诺，只求尽职尽责。不过他始终担心待久了会对自己不利，于是便在他 58 岁（公元前 121 年）时，称病辞去了胶西相的职务，从此结束了他的仕途生涯。

引经断案，公正廉明

由于董仲舒推崇孔子，因此把孔子所修订的鲁国的编年史《春秋》看成是治理国家、管理人民的理论依据，因此，他在当朝廷官员时，凡是遇到政治、法律等一切疑难问题，大多从《春秋》中去寻求答案，有这样一个例子：

有个年轻的女子，她的丈夫出远门，在乘船渡海时，不幸掉进海里淹死了，尸首无法找到。过了一段时间，这女子的父母为她另找了一门亲事，并把她嫁了出去。当时汉朝的法律规定，丈夫没有落葬前，妻子是不能改嫁的。官府根据这条法律，把那个女子抓了起来，并判了她的死罪。

董仲舒知道了这件事后，认为判刑不当。他引用《春秋》中的一个条例，大意是丈夫死了后没有男人就可以再嫁。而且那年轻女子并不是德行不好，去和其他男子私奔，而是顺从父母的意思去嫁给别人，没有违反《春秋》中的原则，因此不能判罪。

还有一桩案子：父子俩与别人发生争执，并打了起来。对方拔出佩刀要刺杀父亲，儿子见了，立即拿起棍棒冲上去援救。不料在混乱中棍子居然击中了自己的父亲，使父亲受了伤。根据汉朝法律规定，儿子打伤父亲，是不孝罪，要判重刑。

董仲舒知道后，讲了《春秋》中的一则案例：春秋时有个叫许止的，很孝顺父亲，见父亲病了，连忙去买药，煎好后端给父亲喝，不料父亲因吃错了药而不治身亡。由于许止没有杀父的动机，因此没有论罪。

董仲舒认为，这两个案子情况相仿，这个儿子是在混乱中误伤了父亲，他没有打伤父亲的动机，所以应该免除他的罪，不予处罚。

由此可见，董仲舒在审案断案方面，是完全依照《春秋》的"微言大义"来行事，他提倡礼治，认为用道德的感化作用比用刑的惩罚作用更能服人心。用刑法治百姓，百姓们因为害怕惩罚而不敢犯罪，但内心的根子没有去除；用礼治百姓，百姓们觉得犯罪可耻，从心底明白不能去犯罪。

董仲舒的这种思想对于统治者有利，因此得到汉武帝的支持。当他晚年退休后，朝廷如遇到一些重大的问题，还派最高司法官到他的住处去探讨处理的办法。

今文经学，《春秋繁露》

董仲舒辞去胶西相位之后，回到家里埋头著书研学，从不问家居杂事，也不置产业。董仲舒总结了自己治学 50 余年的心得体会，加上对《公羊》《春秋》的研究，写成了十七卷八十二篇的《春秋繁露》。他继续从事对《春秋》微言大义的研究，从《春秋》的某些语言作出很神秘而又实有所指的解释。这就是汉代兴盛的"今文经学"的初期，董仲舒也写了不少"今文经学"的文章。

所谓今文经学，是用秦汉以来流行的隶书写的解释《春秋》的文章，首先作这种文章的就是董仲舒。除了这类研究经学的文章，董仲舒还整理了各次上疏的文章和其他一些议论性的文章。史书上说他一共写了一百二十三篇，然而到现在大部分已经失传，流传下来的有十余万字左右。《春秋繁露》大致上反映了董仲舒的思想，然而他在书中掺杂了不少神学内容，从头至尾都贯彻着他的神学观。重复了自己关于阴刑阳德的说法。

从儒家的思想出发，在《春秋繁露》中表达了"仁义"的改良主张。董仲舒还把"天人感应"的思想也融进了文章中。他说王者能起参天地的巨大作用，广大"民""众"也能影响上天。更重要的是，他把"四权"和"三纲五常"在书中归纳了出来，认为"君为臣纲，父为子纲，夫为妻纲"是上天的意志。在《春秋繁露》中，董仲舒阐说了"三统说"。三统从黑统开始，经历白统到赤统，又复归黑统，他认为这就是历史的发展规律（《三代改制》质文）。

董仲舒的"性三品说"在书中得到了进一步总结。在《实性》篇中他把人性分为三等，在《竹林》篇中说人的节情、化性、正命最终都依赖于圣人和天意。汉武帝太初元年（公元前 104 年）。董仲舒病逝，终年 86 岁。董仲舒的墓地在西汉京师长安西郊。有一次汉武帝经过那儿，特意下马致意。故此，董仲舒的墓地，又称为"下马陵"。

　　董仲舒从一位杰出的学者到皇帝的智囊。从当相国到著书立说，他主要是作为一名思想家度过一生的。他的廉洁正直，刻苦钻研精神，得到了后人的赞美，他得到了后人的推崇。而司马迁和王充则批判了他的神学唯心主义。董仲舒主张大一统、罢黜百家，对当时的社会产生了深远的影响；他首倡独尊儒术，"三纲五常"，对后来的历史发展产生了巨大的作用。

第二章　董仲舒的封建伦理观

儒学作为中国封建主义社会的统治思想，在政治、经济、教育、伦理道德等诸多方面都对中国封建主义社会有着重要影响。儒学的主要内容是政治哲学思想，而它被中国封建专制统治者钦定为统治思想，因此它对中国封建主义社会的影响是巨大的。

在中国封建主义社会初期，即秦汉时期，儒学表现出了强大的生命力和先进性。秦代统治者崇尚法家，排斥其他各家，而又最主要排斥儒家，所以就出现了历史上骇人听闻的"焚书坑儒"，这就是针对儒家的政治镇压。但儒学并没有因此而衰落。之后的汉代的统治者吸取了秦朝迅速灭亡的教训，开始崇尚儒家，于是在汉代就出现了中国封建主义社会时期政治、经济的第一次大的发展。

儒学之所以在中国封建主义社会前期表现出了强大的生命力和先进性是因为它适应了社会由奴隶社会到封建主义社会的过渡的需求。孔子在他的礼治主张中曾提出："天下有道，则政不在大夫，天下有道，则庶人不议。""不在其位，不谋其政。"可见孔子的礼治主张所追求的是以等级结构为基础的专制主义政治秩序，它所设计的就是一个高度集权的政治体制，因而实行礼治的必然结果就是一切权利都集于君主一身。

作为汉代大儒的董仲舒，其伦理思想在他的整个思想体系中，也是处于核心的地位。我们说董仲舒建构起了封建社会的理论大厦，最重要或最根本的，就是他构筑了一套在封建社会具有深远影响的"三纲""五常"的伦理、道德观念。正是由于这套伦理道德观念在其整个思想体系中所处核心地位，所以人们对董仲舒评价上的分歧也便最集中、最尖锐地反映到了伦理观上。

"三纲"封建人伦论

"三纲"是指"君为臣纲，父为子纲，夫为妻纲"，要求为臣须绝对服从于君，为子须绝对服从于父、为妻须绝对服从丈夫，同时也要求君为臣、父为子、夫为妻作出表率。它反映了封建社会中君臣、父子、夫妇之间的一种特殊的道德关系。"三纲"一词最早来源于董仲舒的《春秋繁露》一书，原文是这样叙述的：

> 天为君而覆露之，地为臣而持载之；阳为夫而生（疑"生"字误，似应为"主"字）之，阴为妇而助之；春为父而生之，夏为予而养之；秋为死而棺之，冬为痛而丧之。王道之三纲，可求于天。

"三纲""五常"伦理观出现的社会背景

在封建社会，由于以家庭为单位的生产方式占着统治地位，因此，父子关系、夫妻关系以及负责管理社会的君臣之间的关系，便成为该社会最重要的人伦关系。

早在春秋时期，反映奴隶制生产关系的礼、乐，便已开始"崩""坏"，而且，不管儒家创始人孔子怎样呼吁"克己复礼"，也无济于事，随着封建生产关系的发展，大国的争霸，以及秦汉之际大规模农民起义的打击，最终还是覆灭了。在此期间，反映封建生产关系的礼、乐，即封建的伦理、道德观念已经产生。但是一方面，由于当时中国陷于长期的分裂局面，后来虽有秦朝的统一，但时间较紧促；另一方面，当时也未能为最高统治者所重视，因而没有被普遍推行。只有到了西汉刘氏王朝建立之后，特别是到景帝、武帝的时候，出于巩固皇权、稳定社会和发展生产力的需要，确立和普遍推行反映封建社会人伦关系的伦理观念，才成为时代的必需。董仲舒综合先秦以及秦汉以来诸子的伦理思想，提出"三纲""五常"的伦理观，就正适应了时代的需要。

值得一提的是，董仲舒只是在综合先秦以及秦汉以来诸子的伦理思想。董仲舒则以天地、阴阳、五行来比附人事，对三纲作了进一步的发挥"三纲"一词并不是董仲舒发明的。"三纲"的完整说法见于汉章帝时班固所撰的《白虎通义·三纲六纪》："三纲者,何谓也? 谓君臣、父子、夫妇也。……故君为臣纲,父为子纲、夫为妻纲。"纲原意是指网的总绳,这里指君对臣,父对子,夫对妻具有支配、统治的地位和权利;而臣对君,子对父,妻对夫则只有侍奉和听从的义务。"三纲"的思想在东汉以前就趋于成熟。《韩非子·忠孝》提出,"臣事君、子事父、妻事夫,三者顺则天下治,三者逆则天下乱,此天下之常道也。"《礼记·乐记》:"然后圣人作,为父子君臣,以为纪纲。"孔颖达疏引《礼纬·含义嘉》:"三纲为君为臣纲、父为子纲、夫为妻纲。"

儒家的三大伦

儒家所重视的三大伦,按照"自然的顺序"应该是先夫妇,再父子,后君臣。如《中庸》所说:"君子之道,造端乎夫妇。"《周易·序卦传》也说:"有天地然后有万物,有万物然后有男女,有男女然后有夫妇,有夫妇然后有父子,有父子然后有君臣,有君臣然后有上下,有上下然后礼义有所错(措)。"晋代的韩康伯注解《序卦传》的这段话,指出此言"咸卦之义""咸,柔上而刚下,感应以相与,夫妇之象,莫美乎斯。人伦之道,莫大乎夫妇,故夫子殷勤深述其义,以崇人伦之始,而不系之于离也。"唐代的孔颖达在注解《诗经》之首篇《关雎》时也曾说:"以夫妇之性,人伦之重,故夫妇正则父子亲,父子亲则君臣敬。"三大伦的自然顺序,本应该是如此。但是在中国历史的变化中,"君为臣纲"成为首要的教条,虽然在魏晋南朝有"君父先后"的争论,但自唐代以后又恢复并强化了君权之优先。

忠君与孝亲孰先

汉代出现的"三纲"之说,不仅是出自先秦儒家所重视的三大伦,而且更与法家思想有密切的关系。韩非子在《忠孝》篇中提出了"三常道"的思想,他说:"臣事君,子事父,妻事夫,三者顺则天下治,三者逆则天下乱。此天下之常道也,明王贤臣而弗易也,则人主虽不肖,臣不敢侵也。"

这里最终强调的是"人主虽不肖,臣不敢侵也",即把君臣之间的尊卑服从关系绝对化了。如果"臣事君"是如此,那么"子事父,妻事夫"当然也是如此,这样就把儒家所讲的包含相互间道德义务在内的三大伦都变成了绝对服从的关系。从政治制度上说，"汉承秦制"，在伦理观念上汉代所立的"三纲"之说也是继承了韩非子的"三常道"思想。

"三纲"首先是"君为臣纲"，即臣要绝对服从于君。与此相应，儒家的"忠孝"观念也发生了历史的变化。"忠"本来可以指君臣之间的相互"忠敬"或"忠信"，但汉代以后则"忠"只可用于臣对君"忠"。如《中庸》里面讲"忠信重禄，所以劝士也"，这是说君主以忠信的态度、丰厚的俸禄对待他们。在《孝经》中有"移孝作忠"的思想，于是有了"君父"和"臣子"之名。儒家虽然一直重视"孝"，但所谓"忠臣必出于孝子之门"，似是把"孝"作为培养忠臣的手段。

"忠君与孝亲孰先"或"君与亲谁重"，这在魏晋南北朝时期又成为有争议的问题。唐长孺先生作有《魏晋南朝的君父先后论》，大抵是说，当忠君与孝亲发生冲突时，汉代的选择是"忠"，而魏晋南朝则转变为"父先于君"，即更强调"孝"。这主要是因为，曹氏政权和司马氏政权都是靠篡夺而得天下，忠君之义在他们自己那里"说不出口"，而他们又要扫除那些忠于前王室的人，这样就"只有提倡孝道，以之掩护自身在儒家伦理上的缺陷"。这种情况一直要到唐初，由于唐太宗的干预，才勉强把"父先于君"的观念纠正过来。唐太宗特别强调忠君之义，这又和他要为"玄武门之变"作辩护有关系。自唐代以后，特别是宋代以后，君主的权力就进一步强化了。

"三纲"的具体内容

"三纲"的具体内容，从上面的引文来看，简单地说就是：君使臣事、夫主妻助、父生子养。董仲舒的"三纲"伦理观有两点值得注意：

1. 董仲舒在这里把封建社会的君臣、父子、夫妻之间的伦理关系，看作为"王道之三纲"，这在中国历史上还属首次。在此之前还没有人把它们提到这样高、这样重要的地位。从此之后，"三纲"便成为中国封建社会最重要的伦理条规。封建统治者竭力推行之，士农工商则谨守这个原则。中国封建社会之所以能够繁衍生存两千多年，其中一个很重要的原因，就是王道之三纲的强化推行，严重限制了人们的眼界，束缚了人们的思想，使人们不敢越雷池一步。当然，这是董仲舒的"三纲"在封建社会的后期对社会发展所起的反动作用。

但是，分析问题必须从当时的历史条件出发。董仲舒所处的历史条件是，经过战国的争雄、秦灭六国、秦汉之际的农民战争，奴隶制的伦理观念已经彻底破除，封建的生产关系已经建立，但是新的封建的伦理观念尚未建立，以皇帝为代表的中央集权的封建政权与主张割据的地方势力及奴隶制的残余的矛盾尚未完全解决，广大农民与封建主的矛盾已开始暴露，但尚未尖锐化，社会人心思安，急需尽快恢复和发展生产。因此，提出和建立一套新的反映封建关系的伦理观念，便成了时代的必需。董仲舒提出的伦理观，显然适应了时代的要求。

2. 董仲舒把王道"三纲"之源归于了"天"。从董仲舒天的构成看，"天含十端"，即十个方面或要素。天地、阴阳、五行和人都是天之端。"四时"亦为天之四时。他认为，天地、阴阳、四时的关系，犹如人间之君臣、夫妻、父子的关系，天为君，地为臣；阳为夫，阴为妇（妻）；春为父，夏为子。正是因此，"王道之三纲，可求于天"。所谓"求于天"，除了天、地外，他还特别把三纲附会于阴阳，阴阳当然也是天之二端，并与天、地二端相当，天当阳，地当阴。特别是按照"天地之气，合而为一，分为阴阳"来看，阴阳不过是天地二气合而后分的产物。这里的所谓"兼功于"，实际上是"被兼"之意。这段话进一步论证了人间之"三纲"原来乃人法于天地、阴阳、四时。

本来，人们的伦理观念源于社会的现实关系；人类社会的现实关系如何，他们的伦理观念也便会如何，不过有个或早或迟的问题。封建社会"三纲"的伦理观，显然也应是源于封建社会的生产关系本身，它不可能来源于自然。至于董仲舒所谓天地的君臣关系、阴阳的夫妻关系、春夏的父子关系，分明是他把封建关系泛化的结果。在这里，董仲舒先把封建社会的人伦关系移到了神秘的自然之天的身上，然后又反转来说王道之三纲"可求于天"，把从社会移到天地、阴阳、四时之间的所谓君臣、夫妻、父子关系，说成是人间君臣、夫妻、父子之间关系的根据。这样他就把封建社会的人伦关系的根源归结到了自然及神秘的"天"，将"三纲"神秘化、永恒化、神圣化和普遍化了。这显然是对于他从封建社会的人伦关系演义出自然之天的封建人伦关系逻辑的颠倒。他对封建社会人伦关系的这种论证是极端荒唐的，然而这却使统治者得到精神上的满足，同时也可以此欺骗和麻醉劳动人民，使其谨遵"三纲"对人们规定的行为规范，维护封建剥削制度。这就是董仲舒把"王道之三纲"归因于"天"的原委和缘由所在。

"五常" 封建道德论

五常又称"五典"，即五种行为规则。语出《尚书·泰誓下》："狎辱五常"。唐孔颖达疏云："五常即五典，谓父义、母慈、兄友、弟恭、子孝。"常是不变的意思，这里指一定准则。五常就是五条准则，也叫"五伦"。这是封建礼教所必须遵从的准则。

而董仲舒所提出来的"五常"并不是指"父义、母慈、兄友、弟恭、子孝"。而是指"仁、义、礼、智、信五常之道"，汉武帝以后，"五常"便作为了封建社会主要的道德原则。"五常"与"三纲"一起便成了封建法典的核心内容。

我们知道，董仲舒是汉代儒家的代表人物。追溯儒家道德观的历史发展过程，孔子的道德观主要讲仁，仁与义尚未细加分别，同时还讲到忠、恕、敬、孝、悌、礼、智、勇等，特别是还连提恭、宽、信、敏、惠，但却未见"五常"的说法。《中庸》在孔子之后，特别强调了智、仁、勇三大德。此后孟子首次并称仁、义，把仁义作了区分，特别是把仁、义、礼、智列为人之四种善端。只是到了董仲舒，才并提仁、义、礼、智、信，且将其概括为了"五常之道"。这就是在中国哲学史上提出"五常之道"的大致历史过程。

仁

"仁"，是指同情、关心和爱护心态，即"仁爱之心"。关于"仁"，最早出自《尚书》。《尚书》中说："克宽克仁，彰信兆民"，意思是说当年商汤用宽恕仁爱之德，明信于天下的百姓。"仁"最早的含义是"亲人"的意思，《说文解字》中说："亲，仁也"，又说："仁，亲也"。这里主要是指家庭成员之间、氏族亲人之间要"亲爱"，这种"仁爱"之情，仅仅局限于家族亲属之间。随着历史演变，"仁"的含义得到了进一步扩展，由"亲人"发展到了"爱人"。老子说："与，善仁"。意思是与人交往要友爱、真诚、无私。孔子曾说过："志士仁人，无求生以害仁，有杀身以成仁"。这里"仁"已成为人生道德的最高境界，为了维护"仁"，可以"杀身"，即可以牺牲自己的生命来维护这一道德理念。

"仁学"，为孔子所创，含义有两种：①人生及对社会的最高理想，这就是所谓人道精神；②作为道德原则，为五常之冠，且贯穿于义、礼、智、信。"仁"作为人道，含义极深；"仁"作为道德原则，其含义极广，但主旨简约，境界高极，而平实切近。

在董仲舒看来，天就是仁，天就是仁的化身，天覆育万物，他认为"事功无己，终而复始"，这一切都是为奉养人类的。关于"仁"，董仲舒显然是在继承孔、孟对仁的"爱人"规定基础上，再加上他从天化生、养成万物以"奉人"而体会出天之仁民的思想，而在《春秋繁露·必仁且智》中提出了"恻怛爱人"的观点：

> 何谓仁？仁者恻怛爱人，谨翕不争，好恶敦伦，无伤恶之心，无隐忌之志，无嫉妒之气，无感愁之欲，无险诐之事，无辟违之行。故其心舒，其志平，其气和，其欲节，其事易，其行道，故能平易和理而无事也。如此者谓之仁。

所谓"恻怛爱人"，即同情、哀怜和爱护人。按照"恻怛爱人"的含义，在待人或与人交往中，便有了他所说"谨翕不争，好恶敦伦，无伤恶之心……"的仁德。正是据此，他提出了"仁者，爱人之名也""仁之法，在爱人"在这里，他一方面强调了爱人的仁行，另一方面又要注意爱人之仁心。他把孔孟仁德内容吸收并集于了自身。

义

义即宜，适宜、应当、合理的意思。孔子认为，人应按义行事。"义即当然的准则，而此当然准则之内容为何？实即是仁。仁便是人生之最高的当然准则。依义而行，实即是依仁而行。所以，在孔子看来，仁与义不是并立的二德，而只是一事。"孔子所说："君子喻于义，小人喻于利"，……"上好义，则民莫敢不服""君子之仕也，行其义也"，等等，其中之"义"，即与仁基本同义。至孟子，仁与义才有了分别，且仁与义并称，对它们各自的内涵亦作了明确的规定，例如他说："仁，人心也，义，人路也"；"仁，人之安宅也；义，人之正路也"。这就是说，仁，是讲的人心问题，即人存心如何；而义，则是说的人的行为问题，即人的行为准则如何。

　　那么董仲舒的"义"是怎样定义的呢？董仲舒的义，是在区分仁、义的过程中，通过与仁内涵的对比而得到阐述的。这可以说是在孟子区分仁、义的基础上，对仁、义内涵不同的进一步阐述。从内容来说，孟子显然是从存心和行为来区分仁与义的，而董仲舒则不同，他是从人与我、往与来、远与近、爱人与正我等不同的含义来区分的。他的这个思想主要是在《仁义法》篇中阐述的：

　　　　以仁治人，义治我，躬自厚而薄责于外，此之谓也。且论已见之，而人不察，曰君子攻其恶，不攻人之恶，非仁之宽与？自攻其恶，非义之全与？此之谓仁造人，义造我，何以异乎？故自称其恶谓之情，称人之恶谓之贼；求诸己谓之厚，求诸人谓之薄；自责以备谓之明，责人以备谓之惑。

　　董仲舒所谓的"义"与"不义"，实际上也就是善与恶的关系。义者善，不义者恶。在以往，对善与恶、义与不义之间，绝少如此说法，大多讲善即善，恶即恶；义即义，不义即不义。而董仲舒在这里通过对《春秋》书战伐辞指的论述，指出了《春秋》之战，"不义之中有义，义之中有不义"，亦即是说，善中有恶，恶中有善。他说的虽仅是《春秋》战攻侵伐，但实际上是在普遍意义上论述了善与恶、义与不义对立面之间的同一性，即阐述了善与恶、义与不义之间既对立又同一的互相依存、互相包含、互相渗透和互相转化的辩证法。

礼

　　"礼"作为一种制度，起源于周朝。所谓周公制礼作乐的说法，便证明了这一点。周朝之初，周公之所以制礼，显然是适应于周之立嫡长加分封而出现的宗法封建等级制社会关系的需要，以明君臣、父子、上下、尊卑之别。如《礼记》云：

　　　　夫礼者，所以定亲疏，决嫌疑，别同异，明是非也。
　　　　君臣、上下、父子、兄弟，非礼不定。
　　　　非礼无以辨君臣、上下、长幼之位也。
　　所谓"礼序尊卑""乐颂洽和"，正表明了礼仪制度的建立目的和作用。当然，到了春秋时代，这种奴隶制的宗法分封制已是再也无法继续下去了，这样，反映到礼乐制，便出现了"礼崩乐坏"的局面。孔子就生活在作为周公后代封地、保存了大量礼乐典章的礼乐之乡鲁国，因而深受礼乐文化的影响，彻悟了礼乐作为人文的实质即仁，创立了以仁学为核心的儒学。基于此，他提出了"克己复礼为仁"的思想。可见，孔子所说的礼，无疑渗透着他的仁学精神，礼作为一种德，亦包含着或体现着仁德精神。

孔子说："人而不仁，如礼何？人而不仁，如乐何？"表明了礼乐与仁的密切联系，礼乐的实质就是仁。所以礼与仁，实是同一件事情的两面，礼为文，仁为质。这就是孔子关于礼的最根本的观点。既如此，那么无论是周礼，或是孔子的礼，他们虽然都讲"尊君"，但其第一原则仍是"亲亲"为大。

至战国后期，在新的历史条件下，荀子再一次把礼提到了极其重要的地位。在荀子看来，人生而有欲，欲而不得则必求，求而无度量分界，即产生了争。而争则乱，乱则穷。这样便陷入了恶性循环的圆圈。后来，因先王恶乱，所以才出来"制礼义以分之，以养人之欲，给人以求，使欲必不穷乎物，物不屈于欲，两者相持而长，是以礼之所起也。"这显然这也是一种历史唯心论的解释。在荀子看来，"礼有三本：天地者，生之本也；先祖者，类之本也；君师者，治之本也。……故礼上事天，下事地，尊先祖而隆君师，是礼之三本。"这三本，事天地、尊先祖、隆君师，虽然其中的"尊先祖"似乎包含了"亲亲"原则，但从这三本的总体来看，则已完全冲破了周礼的"亲亲"原则，特别是在讲到祭礼之时，荀子把尊尊摆到了第一位，而把亲亲原则放在了尊尊之次，由此表明荀子之礼，已经深深地打上了封建等级制的印记。

在这里可以看出，董仲舒关于"礼"的思想，显然是继承了先秦诸子尤其是荀子的思想。

董仲舒不但在君臣、父子、夫妇之间要求有严格的礼节和礼仪，而且还为上自天子下至庶民规定了各种服制和度制，如在《服制》篇中谈到"度爵而制服"时即说，各等级的吏民必须"量禄而用财，饮食有量，衣服有制，宫室有度，畜产人徒有数．舟车甲器有禁；生有轩冕、服位、贵禄、田宅之分，死有棺椁、绞衾、圹袭之度；虽有贤才美体，无其爵不敢服其服，虽有富家多赀，无其禄不敢用其财；天子服有文章，不得以燕飨，以庙；……散民不敢服杂采，百工商贾不敢服狐貉，刑余戮民不敢服丝缥乘马，谓之服制。"在《度制》篇中谈到衣裳之用时亦说："凡衣裳之生也，为盖形暖身也。然而染五彩，饰文章者，非以为益肌肤血气之情也，将以贵贵尊贤而明别上下之伦，使教亟行，使化易成。"按照此说，在封建社会，从皇帝到黎庶，都必须依自己所处等级，服其服，食其禄，用其财，"生有轩冕、服位、贵禄、田宅之分，死有棺椁、绞衾、圹袭之度"。任何人都不得越制，不得享其非分。这样，按照礼的规定和要求，整个封建社会就形成了一个极严格的封建等级制。

智

"智"是孔子提出来的，而且与仁有着密切的联系。如孔子说："知者利仁""智者乐水，仁者乐山；智者动，仁者静；智者乐，仁者寿。"这里把智与仁连到了一起，并视智与仁如同水与山、动与静、乐与寿的关系那样，智与仁二德相偕、相映。子贡也正是从智与仁二德上，论证了孔子为圣。孟子则把智与仁、义、礼四者连称，视为人的四种善端。其所谓"智"端，即其所说"是非之心"。

董仲舒正是在继承了孔、孟思想的基础上，在同仁德的联系中，深刻考察了智与德的作用。董仲舒在《必仁且智》中说：

> 莫近于仁，莫急于智，不仁而有勇力、才能，则狂而操利兵也；不智而辨慧猥给，则迷而乘良马也。故不仁不智而有才能，将以其才能辅其邪狂之心，而赞其僻违之行，适足以大其非，而甚其恶耳。其强足以覆过，其御足以犯诈，其慧足以惑愚，其辨足以饰非，其坚足以断辟，其严足以拒谏。此非无才能也，其施之不当，而处之不义也。……仁而不知，则爱而不别也；知而不仁，则知而不为也。故仁者所以爱人类也，智者所以除其害也。何谓仁？仁者恻怛爱人，谨翕不争。……何谓之知？先言而后当。凡人欲舍行为，皆以其知先规而后为之。其规是者，其所为得，其所事当，其行遂，其名荣，其身故利而无患，福及子孙，德加万民，汤武是也。其规非者，其所为不得其事，其事不当，其行不遂，其名辱，害及其身，绝世无复，残类灭宗亡国是也。故日莫急于智。知者见祸福远，其知利害蚤，物动而知其化，事兴而知其归，见始而知其终，言之而无敢诤，立之而不可废，取之而不可舍。前后不相悖，终始有类，思之而有复，及之而不可厌。其言寡而足，约而喻，简而达，省而具，少而不可益，多而不可损。

在这里，董仲舒认为，不仁不智而有"材能"，则只是"以其材能辅其邪狂之心，助其恒僻违逆之行""大其非"，而"甚其恶"。当然，也有"仁而不智"和"智而不仁"者，前者是爱而不别是非，后者虽知是非，但却不肯为是而非。因而，做人必须是仁智兼备，必仁且智。这就是董仲舒对智德的论述。当然，董仲舒在这里所说的仁与智都不是空洞的、抽象的，而是有实质内容的。他的仁和智，都是从封建地主阶级的立场上来说。

信

"信"，是指诚实守信、坚定可靠、相互信赖这样的品行，即"诚信之品"。"信"不是简单的诚实，信用才是"信"最基本的内涵。它不仅要求人们在自己的行为上要诚实和守信，同时也反映出人们对某一个事物、某一种理念认识上的坚定可靠，反映出人与人之间、人与物之间相互信赖的关系。缺乏坚定可靠和相互信赖这样一种基础，人们在自己的行为上也难以实现诚实和守信。

儒家的创始人孔子也讲到了"信"。他认为，"交友必信""言而有信"。"信"乃是一种好的品德，否则，"人而无信，不知其可也。"。这是就个人行为来说的。若从施政来看，"信"更为重要："民无信不立"；"上好信，则民莫敢不用情"。对人民不讲信义，老百姓都不信任你了，你也就站不住脚了；如果君主讲信，那么老百姓也就会以真情来对待你。不过，孔子是把信作为仁德的一项内容来看的，而不是作为与仁并列的信德。

孟子则把诚信看作社会的基石和做人的准则，他所谓"诚者，天之道也。思诚者，人之道也。至诚而不动者，未之有也；不诚，未有能动者也"的阐述，即是其证。《贞观政要》中记载了唐代名相魏征的话："德礼诚信，国之大纲"，把"信"作为治国之大纲来加以强调。《旧唐书》里说"君之所保，唯在于诚信"。《尚书》写道："信用昭明于天下"。《诗经》里面也有一句非常有名的成语叫"信誓旦旦"。

董仲舒正是在前人重信的基础上，首次把"信"列入了"五常之道"，作为五德之最后一德。除此之外，他还说："竭愚写情，不饰其过，所以为信也。"又说：

"明主贤君必于其信。"这就是说，一方面，一切臣民都必须对皇帝"竭愚写情，不饰其过"，绝对忠诚；另一方面，皇帝作为"明主贤君"，亦要对自己的臣民讲究信用，不可言而无信。

第三章　董仲舒的"天人感应"学说

"天人感应"一词是中国古代哲学术语。这个词源于中国先秦哲学，西汉时董仲舒将其发展为一系统的神秘主义学说。

董仲舒所提出的"天人感应"目的论是他对天人关系的回答，也是他的自然神论宇宙观的核心。董仲舒认为，天和人同类相通，相互感应，天能干预人事，人亦能感应上天。董仲舒把天视为至上的人格神，认为天子违背了天意，不仁不义，天就会出现灾异进行谴责和警告；如果政通人和，天就会降下祥瑞以鼓励。"天人感应"的思想在汉代曾占据了统治地位，并在中国封建社会流传。在封建社会，天人感应说一方面对无限的君权进行了限制，同时也为封建专制制度提供了理论依据。这个思想对汉代及后世的封建社会发生了极其重大和深远的影响。

自然神论，天为"元"本

我们知道，要判定一位哲学家宇宙论的性质，最核心和最根本的，就看他以何者为本。探讨董仲舒的宇宙论也不例外。董仲舒宇宙论中有两个最重要的概念——"天""元"，是同这个核心问题密切相关的。

何为"元"

《春秋公羊传》就说："元年者何？君之始年也。"这就是说，元年为国君即位的始年或第一年。但要解释董仲舒所谓的"元"，如果将"元"仅释为"始"，无疑是一种简单化的解释。要弄清楚"元"的真正含义，我们必须要明确以下两点：

1. "元"之作为本原义，并不单纯是哲学本体论意义的宇宙本原，应该说它有广义与狭义之分。哲学本体论意义的本原，属狭义的本原义；除此之外，还有非哲学本体论意义的本原义，即广义的本原义。董仲舒所谓"元"，即是从非哲学本体论意义上的本原义。董仲舒一会儿说"元年春王正月"，一会儿又说"君人者，国之元"，一会儿又讲"元者为万物之本"，就正表明了他所说的"元"的广义性，而非单纯哲学本体论意义的本原义。所以，只有从广义的本原义来解董仲舒著作中之"元"，才能使其获得通解，否则，便会曲解董著中"元"的含义，而使自己陷于混乱和矛盾之中。

2. 董著中之"元"具有广义的本原义，但它本身并不具有实体性，即是说，"元"自身既非精神的东西，亦非物质实体，而是附属于某种作为本、原的事物的，例如董仲舒所曾讲到的"人之元""国之元""天地之元"，以及"天元本、天元命"等等，其中的"元"，就是附属于人、国、天、地这些事物的，而不能脱离这些事物。即使他所说："元者为万物之本"，从其前后文看，也不是说有一独立实体性元存在。正是因此，把董著中之"元"释为独立自存的"元气"或不知在何处立身的"纯时间概念"，以之作为宇宙及万物的本原，从而得出董仲舒为朴素唯物主义的元气论者，或是客观唯心主义的"元一元论者"，都是不能成立的。

这样就不难理解：董著中之"元"虽是其宇宙论的一个重要概念，但它所《春秋公羊传》就说："元年者何？君之始年也。"具有的"始""本""原"义，非特指哲学本体论的宇宙之本，而是广义的，且不具有实体性，是附属于某事物的，这就是董著中"元"概念的性质和意义。

何为"天"

董仲舒所描绘的"天"是这样的：

> 天有十端，十端而止已。天为一端，地为一端，阴为一端，阳为一端，火为一端，金为一端，木为一端，水为一端，土为一端，人为一端，凡十端而毕，天之数也。
>
> 天、地、阴、阳、木、火、土、金、水、九，与人而十者，天之数毕也。……圣人何其贵者？起于天至于人而毕。毕之外谓之物，物者投所贵之

端，而不在其中。以此见人之超然万物之上，而最为天下贵也。人，下长万物，上参天地。

由此可见，"天"只有十端，包括天、地、阴、阳、五行与人。

"天"的构成表明了天的自然物质性。这可以说是它最基本的性质之一，或者说是天的最基础的性质。但是，除此之外，董仲舒还赋予了它以封建社会的伦理意义。

在董仲舒看来，天之道是一阴一阳在运行，由此造成了植物的一岁一枯荣，这种自然现象同时也表现了"天"之"德""刑"之志，特别是天的生育养长主要靠了阳的作用，阴只是"稍取之以为助"。因而表明了"天"的"任阳不任阴""好德不好刑"的情感和意志。

这种"好德不好刑"的情感，也就是董仲舒所常说的，通过春夏秋冬四时而表现出的仁美之意。

在董仲舒的眼里，"天"的构成虽是纯粹为自然物质性的，其各种现象也是自然规律的表现，但是，它们同时又表现了"天"具有同人一样的情感和意志。有时，董仲舒又把春夏秋冬四时所表现的这些意志，称之为和、德、平、威。如说："天有和有德，有平有威，有相受之意，有为政之理，不可不审也。春者，天之和也；夏者，天之德也；秋者，天之平也；冬者，天之威也。天之序，必先和然后发德，必先平然后发威。此可以见不和不可以发庆尝之德，不平不可以发刑罚之威；又可以见德生于和，威生于平也。无和无德，不平无威，天之道也。"由此表明，天道阴阳和四时的运行与变化，同时也是一种情感和意志，这就是前面所说德、刑、仁、美之意以及喜、怒、哀、乐、和、德、平、威之志。

他认为自然界感应现象背后有一个无形的主宰，即"天命"。如周代将兴时，赤鸟之瑞便是上天发出天命的征兆。董仲舒借自然现象间的相互感应，证明天人感应，反过来又用天人感应将自然界之间同类相动纳入神学的框架中去。

由此可见，董仲舒认为的天是至善的化身。天包含了万物，对万物一视同仁，以日月风雨，阴阳寒暑养育万物。而圣人之道正是法天的博爱无私而建立，布德施仁即属天对人类一视同仁的表现。天没有偏爱，以仁爱长养万物，使万物生生不息，这都在体现天意，天意至仁，在于养人，而人之仁德取法于天。天的目的是以利活民，使民丰足，所以天的一切活动皆是善的体现。天寒暑易节，按时而动，这对人民的生计有重大影响，在"家天下"的封建社会，能将天人关系依此处理，归结出人类的伦理道德，确为贤见！

何为"本"

董仲舒在《春秋繁露·观德》中说：

> 天地者，万物之本也，先祖之所出也。广大无极，其德昭明。历年众多，永永无疆。天出至明，众知类也，其伏无不熠也。地出至晦，星日为明不敢暗，君臣父子夫妇之道取之，此大礼之终也。

这里就把天地与人分开，将天地看作为万物的共同之本以及人的祖先所从出之原，并将天地的法则看成了君臣、父子、夫妇之道所取之作为大礼的终极根源。为何如此呢？原来在董仲舒的眼里，天与地之间的关系，也如君臣、父子之间的关系，如他在《春秋繁露·五行对》中就以《孝经》中所谓"孝"乃"天之经，地之义"来说明五行的相生关系及四时的承继关系。所谓"天之经"即"诸父所为，其子皆奉承而续行之"，也就是"父授之，子受之"；所谓"地之义"，即"下事上，如地事天"。风雨乃地所为，而地"不敢有其功名，必上之于天，命若从天命，勤劳在地，名一归于天"。

董仲舒在《春秋繁露·阳尊阴卑》中谈到君臣关系时亦指出：

> 是故《春秋》君不名恶，臣不名善；善皆归于君，恶皆归于臣。臣之义，比于地。故为人臣者，视地之事天也。为人子者，视土之事火也。
>
> 是故孝子之行，忠臣之义，皆法于地也。地事天也，犹下之事上也。

这表明，天与地的关系，也是君臣、父子的关系，亦即类于上下、相生的关系。这样，"天"便成了宇宙及万物最后的本原。

"天人感应"，应势而出

董仲舒在西汉时期提出"天人感应"学说，并被统治者所采纳，这绝非纯粹的偶然，而是有其深刻的历史根据的。

殷周时代，奴隶主、特别是它的上层统治者，为了统治人民的需要，拼命鼓吹一种叫做"天命论"的唯心论。它认为，人世间及自然界的一切，都是全知全能的超自然的上帝之"天"的有意安排，即所谓"天命"。这个思想到春秋及战国初年还相当流行，直至战国的中、末期，才被"五德终始"说所代替。不过，"五德终始"说的实质仍是一种改头换面的天命论，即是以与五行说相适应的五种天命来说明人间的改朝换代。即使到了汉代的前中期，也还有人力图以此来编造汉朝当兴的故事。不过这时的五德终始说与秦朝已有了区别，秦朝是按"五行相胜"来编造的，汉代则是按"五行相生"来编造的，而且秦、汉各代表何德也说法不一，加之秦朝仅二世而亡，这就给"五德终始"说以极大的冲击。正是由于这种理论自身的混乱，使汉代的意识形态不能有所一统，这对刚刚取得封建政权的汉朝统治者来说极为不利，所以武帝提出了"天人之应"的问题："三代受命，其符安在？灾异之变，何缘而起？"因董仲舒对这一问题的回答，便产生了大家所熟知的"天人感应"论。是什么促使此时急需解决这个"天人之应"的问题呢？一方面是统治者内部矛盾的激化，另一方面是封建统治者与广大农民矛盾的发展，这两个方面都要求巩固以皇帝为代表的中央集权的封建政权和缓和阶级矛盾。"天人感应"学说正是是适应于这方面的需要而应运而生的。

天道无亲，唯德是辅

墨子《墨子·尚同中》说：

"既尚同于天子，而未尚同乎天者，则天灾将犹未止也。故当若天降寒热不节，雪霜雨露不时，五谷不熟，六畜不遂，疾灾戾疫，飘风苦雨，荐臻而至者，此天之罚也。"

这段话的意思是，当人民与天子的意志统一，但天子与上天的意志未统一时，天灾还会发生。墨子在这里强调了天有意志，他认为天是"爱民"的，"天"与"人"之间的感应非直接交流，而是"天"经过深思熟虑之后降下的惩罚或奖赏。可见，墨翟的天虽然以自然为外貌，但本质上却是有意志的神，反常的自然现象只是神用来作为告诫人间统治者的。

关于这一点，墨子的思想和董仲舒的思想在很大程度上是一样："天"是以自然为外貌的有意志的至上神。"感应"的方式是"天"监察人的行为，然后通过一系列自然现象来表达自己的意志，对人间的统治者进行告诫和劝赏。

不同的是董仲舒的"天人感应"理论就系统而言圆满多了，更为突出地强调天有意志。

董仲舒在《春秋繁露·郊祭》中说："天者，百神之大君也。"《郊义》中说："天者，百神之君也，王者之所最尊也。"他相信古代帝王皆是神的化身，"屈君而伸天"，要借天的权威对君权加以限制，另一方面又以君权天授，借天的权威来强化君权。他的学说本质上是宗教神学。君主受天约束，代天行事，国家社会的安危，实际系于天子一人。天子是天在人世的代表，加强君的权威即加强天的权威。"受命之君，天意之所予也。故号为天子者，宜视天如父，事天以孝道也。"董仲舒完成以人世父子关系模拟天和天子的关系。他提倡恢复郊祭，对传统祭神祭天方式，如求雨、止雨等都积极提倡，认为天为养活人类才生出五谷，可见天慈悲为怀，而人们用清酒脯膊或肥牲祭祀苍天是应该的。同时他认为祭祀并非礼仪程序，而是的确有鬼神来享用。

人君失道，灾异降临

董仲舒在《春秋繁露·必仁且智》中说：

> 天地之物，有不常之变者，谓之异，小者谓之灾，灾常先至而异乃随之。灾者，天之谴也；异者，天之威也。谴之而不知，乃畏之以威。……凡灾异

之本，尽生于国家之失，乃始萌芽，而天出灾异以谴告之。谴告之而不知变，乃见怪异以惊骇之。惊骇之尚不知畏恐，其殃咎乃至。以此见天意之仁而不欲害人也。

可见，在董仲舒看来，这种警告对人君并不表示天神的恶意，相反正是表现了对人君的仁爱之心。为此，他还说，从灾异可以见天意。天意有欲有不欲，这全靠人内心之自省，"宜有惩于心"；但也可以外"观其事""宜有验于国"。"故见天意者之于灾异也，畏之而不恶也，以为天欲振吾过，救吾失，故以此报我也。"他还举例说楚庄王以天不降灾，地不见孽，而祷之于山川，请求"天"出灾异以警其过。

董仲舒墓

值得一提的是，"天人感应"论又与殷周超自然的天命论以及《吕氏春秋》《淮南子》的"五德终始"说有着很大的不同。对于这一点，董仲舒讲得很清楚：

今平地注水，去燥就湿；均薪施火，去湿就燥。百物去其所与异，而从其所与同，故气同则会，声比则应，其验皦然也。试调琴瑟而错之，鼓其宫，则他宫应之，鼓其商，而他商应之。五音比而自鸣，非有神，其数然也。美事召美类，恶事召恶类，类之相应而起也。如马鸣则马应之，牛鸣则牛应之。

帝王之将兴也，其美祥亦先见；其将亡也，妖孽亦先见，物固以类相召。故以龙致雨，以扇逐暑，军之所处以棘楚。美恶皆有从来，以为命，莫知处所。

这段话的意思是说，显然是说，美祥之符瑞和灾异之谴告，有如平地注水去燥就湿、均薪施火去湿就燥一样，或如调琴瑟，鼓宫宫应，鼓商商应，马鸣则马应，牛鸣则牛应一般，此乃"美事召美类，恶事召恶类，类之相召而起也"。这就是董仲舒提出的物"以类相召""同类相动"的理论。他认为，这其间"非有神，其数然也"，即是说自然之数使然。可见，董仲舒所说的天包含有十端，人自身就被包含在天之内，因而"天人感应"实是作为一端的天与作为另一端的人之间的感应，也就是自然的内部感应，非是超自然的神对人的降命。董仲舒在这里显然是明确地反对了超自然的有神论解释。

董仲舒是很会将"祥瑞"和盛世联系起来。例如，对于"赤鸟衔谷种集于王屋"现象。在董仲舒之前，无疑都是把它看作超自然的神圣天命的显示。在董仲舒看来，这种祥瑞的出现，乃是西周文、武二王长期累积德治、善政，在天人之际感应的结果。这正是在"天人三策"中所说"非人力所能致而自至者"。所谓"自至"即既非人力亦非神力所致，而是通过感应所致。有人不要"自至"二字，从而把"非人力所致"解释成纯粹神力或"无形的主宰"意志的体现，这显然是与天人感应论相背离的。

从上述的分析可知，董仲舒的"天人感应"自然没有达到无神论的高度，而是自然神论。他提出的"天人感应"，不仅是为了论证人君神圣性的，而且也是指向超自然的"天命"论的。这一点我们在谈到"天人感应"论的意义时就看得更清楚了。

天人互感，受命于天

董仲舒通过这种比附说明天有意志，且不是超自然的、非物质的，特别是他还用阴阳五行说对人体进行了分析。但有两个问题摆在我们的面前：①天人作为

"同类"是如何感应的呢？②董仲舒是不是完全抛弃了"天命论"呢？

天、人"同类"

董仲舒说只有同类方能"互感"，那么人和天是否是同类呢？关于人天是"同类"，董仲舒主要从以下几个方面进行论证的：

1. 人自身就是"天"的内容之一。董仲舒认为，"天"有十端：天、地、阴、阳、木、火、土、金、水与人。可见，天之数毕于十，起于天而终于人。

2. 人受命于天。董仲舒认为，天生育了万物和人。董仲舒在《春秋繁露·人副天数》中说："天地之精所以生物者，莫贵于人。人受命于天也。"，他在《春秋繁露·阳尊阴卑》亦说："为人者天也。人之为人本于天，天亦人之曾祖父也。"

3. "人道可以参天"。董仲舒认为："天常以爱利为意，以养长为事，春夏秋冬皆其用也。王者亦常以爱利天下为意，以安乐一世为事，好恶喜怒而备用也。然而主之好恶喜怒，乃天之春夏秋冬也。……以此见人理之副天道也。"

4. "求天数之微莫若于人"。他认为："人之身有四肢，每肢有三节，三四十二，十二节相持而形体立矣。天有四时，每一时有三月，三四十二，十二月相受而岁数终矣。官有四选，每一选有三人，三四十二，十二臣相参而事治行矣。以此见天之数，人之形，官之制，相参相得也。人之与天，多此类者，而皆微乎，不可不察也。"

天、人"互感"

董仲舒认为，天有阴阳，人亦有阴阳。天地之阴气起，而人之阴气应之而起，人之阴气起，而天地之阴气亦宜应之而起。因此，天将阴雨，故人之病为之先动，或使人欲睡卧，这都是天之阴与人之阴气感应的结果。同样，人有忧愁亦使人欲卧，也是阴气相求；而人有喜者，使人不欲卧，则是阳气相索。

把某种自然事物与社会事物联系起来，说"虽不祥祸福所从生，亦由是也"，并由此推论"帝王之将兴也，其美祥亦先见；其将亡也，妖孽亦先见"。在这里，他虽然反对了超自然的上帝之天的降命，这是他比殷周天命论进步的方面，但他竭力用自然事物中同类相动的现象，来论证殷周天命论所说祥瑞或灾异预示的社会事件的必然性和神圣性，则显然是荒谬的。这已离开了他所说"同类相动"的理论，而把非同类通过牵强附会的比附，硬把风马牛不相及的事物说成是同类。这就是董仲舒"同类相动"说的诡辩之所在。以往在批判董仲舒的这一天人感应说时，往往把它归于殷周的"天命"论，似乎非此就没有揭露出他的实质，然而这显然没有击中其要害，而是把本来用天人感应论所抛弃了的东西，又硬加到他的头上，这是不能服人的。关于这一点很显然是不能让人信服的。

受命于天

董仲舒在他的多数著作中讲到了"天命"，如说："人受命于天"；"天子受命于天"；"三代受命"；"受命之君"；"天予之""天夺之"；"文王受命于天而王天下"，等等，这些都明白无误地说的是"天命"。但董仲舒所讲的"天命"，与殷周时代的"天命"论有着很大的不同，不可不加注意地把它们混淆或等同起来，两者之间有着不易察觉但确实存在的区别，具体说有以下三点：

1. 仲舒的"天命"之"天"，已经不再是殷周时代超自然的、全知全能的上帝之天神，而是以自然之天为基础的、具有人伦情感和神性的自然神论之天。

2. 董仲舒的"天命"不再是殷周时代超自然的上帝之天在冥冥中的降命，而是通过天人之间的"物类相召"感应的结果，非神之为。

3. 殷周和先秦的"天命"论强调的是上帝的"天命"，即天的降命，而董仲舒的天命论强调的是人事，即人的行为，主要是德政的作用。

可见，董仲舒的"天人感应"的实质是：董仲舒通过"天人感应"的天命论便是自然神论的天命论。

人生于天，取化于天

"人生于天"强调的是"上天注定""冥冥之中自有安排"。

那么，人之善恶、贪仁，乃至贫富、贵贱和寿夭，是否都是人生而命定的，再不可变更的了呢？显然不是，他曾明确说还有"变命"存在："人始生有大命，是其体也；有变命存其间者，其政也。"这显然是说，人一生下来便有天命，人体的存在就表明了这一点；但是，它又有变命存乎其间，这是由他从事的事务的变迁所引起的。这里无疑就肯定了"变命"的存在。

求雨、止雨

我们知道，在科学落后的古代，以为下雨是由雨神控制的，这是非常普遍的观点，所以民间一直盛行着求雨、止雨的迷信活动。

关于灾年求雨、止雨活动，董仲舒认为，"疑于神，乃因理之微妙，不易为人所知"，岂不知"致雨非神"，这样他就明确反对了致雨问题上的有神论。不过，董仲舒却并未因此否定求雨、止雨活动，相反却以"动阳以起阳""动阴以起阴"的"物类相召""同类相动"的理论为依据，另设计了一套求雨、止雨的办法和礼仪。按照他的设计，欲止雨，即令县邑以土日"塞水渎，绝道，盖井，禁妇人不得入市"，并要击鼓，跪陈，祷告，以止雨。如欲求雨，则四时皆以水为龙，以土为之，春为苍龙，夏为赤龙，季夏黄龙，秋为白龙，冬为黑龙，舞龙、祝斋之人四时亦分别着青、赤、黄、白、黑不同颜色的衣服，并皆以庚子日，令吏、民分开，夫妻分开，祝斋三日，向社稷山川跪陈祷告，用清酒敬献上天，用来请求上天降雨。

董仲舒对他的这一套办法深信不疑，在其任江都相期间，亦曾亲令内史中尉行止雨礼，据说"未见三日，天大星"。为此，东汉的唯物主义者王充曾作《乱龙篇》，一方面指出土龙"不能致雨"，另一方面则又以为是"以礼示意""以类应变"之需，表示了某种理解。现在看来，董仲舒的这套做法，显系非科学之举，是不足取的。但是，由此亦可见其对人民生活活动的关怀之意，特别是他以"同类相动"之"动阳以起阳""动阴以起阴"的理论来解释致雨的原因，这对于破除民间流行的野蛮的和粗俗的求雨、止雨的巫术迷信活动，无疑是有益和有积极意义的。

性命与寿命问题

关于人的性命和寿命问题，董仲舒主要从以下几个方面进行论述：

1. "人受命于天"是"人"对"天"而言，若反过来，"天"对"人"，则是授命。所以这里的受命，首先是说天生了人，给了人以生命，"天地者，万物之本，先祖之所出也。""人生于天，而取化于天。""人之为人本于天，天亦人之曾祖父也。"这些显然都是说天生了人，即天授命于人，以至天为人之"曾祖父"。

2. 关于"人受命于天"，董仲舒是否只是说人命来自于自然之天或超自然的神圣之天呢？显然不是。董仲舒在《春秋繁露·顺命》中说："天子受命于天，诸侯受命于天子，子受命于父，臣妾受命于君，妻受命于夫。诸所受命者，其尊皆天也。虽谓受命于天亦可。"这段话分明是说，上述的受命，都可以说是受之于天。由此推而广之，一切下对上的受命，也都可以这样说。

3. "人受命于天"，是不是仅指生命呢？显然不是，它还包含了人生的全部内容：性情、命运等。《汉书·董仲舒传》中说："命者，天之令也；性者，生之质也；情者，人之欲也。"董仲舒在《春秋繁露·为人者天》中说："人之情性，有由天者矣，故曰受，由天之号也。"他在《春秋繁露·玉杯》中说："天两有阴阳之旋，身亦两有贪仁之性"。他还在《春秋繁露·循天之道》中说："大得天地泰者，其寿引而长，不得天地泰者，其寿伤而短。短长之质，人之所由受于天也。"这些无疑表明，人之性情及各种命运，也都受之于天。

4. 董仲舒把这种"受命"虽也看作是"天命"，但与殷周的"天命"大不相同。因为他所谓的"受命"，主要是"禀天地之精气"。他所谓"人受命于天"，不是超自然的神圣之天的无端降命所为，而是"禀天地之精气"的结果。他还指出，天之生人之所以不同于万物的原因也正在于人"禀得天地之精气"的不同。他还谈到，人之"喜气取诸春，乐气取诸夏，怒气取诸秋，哀气取诸冬"。这些即表明，他所谓受命于天，实即禀天之精气。在这一点上，人虽与物相同，即都由精气所生，但人取天之精气多，而物则取天之精气少，所以人异于万物。

5. 人虽都是受命于天，但所禀之气又不尽相同，所以造成了人们的差异不齐。这一点在《汉书·董仲舒传》中讲到人性命寿夭时已说得很清楚："或夭或寿，或仁或鄙，陶冶而成之，不能粹美，有治乱之所生，故不齐也。"他所说"治乱之所生"，即是指治气或乱气。他所谓"陶冶"，也是说天、地对气的陶冶。可见，人的善恶、寿夭之不齐，都是人生之时所受天地之气的不同所造成的。

何以"变命"

人之行何以会使天变命，而损益寿命长短呢？这是因为在董仲舒看来，天气在上，地气在下，人气在其间，人的行为必然使人身之气与天地之气相感，动阴以起阴，动阳以起阳，损益其自身的阴阳之气。

董仲舒在《春秋繁露·循天之道》中说：

> 中和常在其身，谓之大得天地泰。大得天地泰者，其寿引而长，不得天地泰者，其寿伤而短。短长之质，人之所由受于天也。是故寿有短长，养有得失，及至其未大卒而必雕，于此莫之得离。故寿之为言，犹雕也。天下之人虽众，不得不各雕其所生，而寿夭于其所自行。自行可久之道者，其寿雕于久，自行不可久之道者，其寿亦雕于不久。久与不久之情，各雕于其平生之所行。

这段话是说：由于人禀气的不同，刚出生就具有寿命长短不一的体质。但是，人如能经常保持作为天地泰的中和之气于自身，其寿命就会"引而长"，否则，不能经常保持中和之气于自身，那么其寿命就会短。由此表明，寿命的长短，不仅决定于所受天的长短之"质"，而且还有赖于"养有得失"。正是因此，他提出寿夭在于"雕"。所谓"雕"，即匹配、相当。就是说人的寿夭就在于以所受"短长之质"与"养之得失"匹配，自行可久之道，其寿即雕于久，自行不可久之道，其寿即雕于不久。可见寿久与不久，全在平生之所行。当然，这并非说行可久之道者一定比行不可久之道者寿长；相反，也有"其自行俟而寿长者""其行端而寿短者"。

实际上，董仲舒所说的变命，实际上是通过天人感应而发生的天命的变更，所以这依然是一种天命，也就是说变命本身也是天命。

核心问题

董仲舒 "天人感应" 目的论所要解决的核心问题是什么呢？可以说关于天子与天的感应。

董仲舒完全继承了周朝以来的 "皇天无亲，唯德是辅" 的思想。在他看来，"天子命无常，唯命是德庆"，即天子之命不是永恒不变的，只有有德者才能得到天命。所以他又说，只有德侔天地者，皇天才 "佑而子之"，使其做天子。所以说："天子者，号天之子也。" 同样，身为天子者，则必须则天而行，事天如父，恭行孝道，不得逆天行事，胡作非为，否则，天就会夺去其王位。当然，这里所说 "天命" 或 "废命"，都是通过天人感应而进行的。天不言，示之以事或行。凡帝王之将兴，必有祯祥；国家将亡，则必有灾异。这些显然均非人力所能致者，这也就是天子与天之间的感应。

董仲舒提出 "天人感应" 的目的论，固然有把自然之天神圣化，用以来使无知黎民安守本分的一面，但在这一自然神论的背后，他所着意强调的是如孔子所说 "人能弘道，非道弘人"，即强调的是对人自身力量和作用的重视。周朝的中衰，主要是周幽王、周厉王不得民心，是失道之君，因而 "政日以仆灭"，相反，周宣王又使周朝中兴，则在于他 "思昔先王之德，明文武之功业" "夙夜不解行善之所致"。这也就是他说的治乱废兴 "非天降命不可得反"，而完全 "在于己" 是否 "所操持悖谬失其统"。这同他在有关人的性命及命运上的观点完全一致。在哪里，他一方面肯定了通过天人感应的天降命，另一方面又把这种天降命的主动权交给了人（天子）自身。

虽然董仲舒的 "天人感应" 学说有着明显的神学色彩，但是它的实质则是强调人的作用及民本思想。这也就是说，在天人关系上，表面上讲的是 "天命"，即天对人的决定作用，而其重点则是讲人对自身的决定作用。这是历史的一个进步。

天人合一，君权神授

自"文景之治"过后，从汉武帝即位始，汉朝进入政治、经济全面繁荣的全盛时期。这时候统治者急于寻找一种新的思想学说作为治国的理论指导。这时候，儒学宗师董仲舒阐发了"天人合一"思想，促成了汉武帝"罢黜百家，独尊儒术"，儒家思想成为汉代统治者的政治指导思想。

天的无上权威

所谓"天"并非指神灵主宰，而是"自然"的代表。"天人合一"有两层意思：一是天人一致。宇宙自然是大天地，人则是一个小天地。二是天人相通、天人相应，这就是说人和自然在本质上是相通的，所以一切的人事均应顺应自然规律，达到人与自然和谐相处的目的。老子说："人法地，地法天，天法道，道法自然。"即表明人与自然的一致与相通。先秦儒家亦主张"天人合一"。《礼记·中庸》说："诚者天之道也，诚之者，人之道也"。认为人只要发扬"诚"的德性，即可与天一致。汉儒董仲舒则明确提出："天人之际，合而为一"，成为两千年来儒家思想的一个重要观点。

董仲舒的"天人合一"思想给天以无上权威，认为天的意志决定着人类社会的命运。于是他提出君权天予说，阐明君权的来源和权威性。董仲舒认为天与人可以相互沟通，但这种沟通并不是直接的，而是间接的。并非人类社会的每个成员都有资格与天沟通。人与天的沟通是通过一个中间环节来实现的，这个中介就是"圣人"。对于天，圣人是人类的总代表，对于人，圣人则是天在人间的代理人，执行着天的意志和命令。圣人对应于实际政治就是王。王就是现实的圣人，圣人则是理想的王，圣人与王具有内在的统一性。王在实现政治中承担着圣人沟通天人的职能。

正是基于这样的认识，董仲舒认为君主的权力来源于天，天子秉承天的意志来治理国家、管理社会。既然君主代表天，拥有天所授予的权力，那么，臣民对君主也就只能毕恭毕敬，唯命是从，否则就是对天不敬，逆天而行了。臣民服从天就像地从属于天一样的天经地义。君权神予说直接导出了君尊臣卑，维护了君主的集权与专制。

董仲舒的"天人合一"政治论，由天人关系、天道运行规律论证了君权至上的观点，又主张以天制约君主，将原则性与灵活性统一起来，从而提高了统治阶级的政治适应能力，这是儒家政治学说成熟的表现。

君权神授

"君权神授"是神化封建君主专制制度的一种政治理论。认为皇帝的权力是神给的，具有天然的合理性，皇帝代表神在人间行使权力、管理人民。据记载，夏代奴隶主已开始假借宗教迷信进行统治。《尚书·召诰》说："有夏服（受）天命。"这是君权神授最早的记载。

董仲舒将"君权神授"的理论在进行了系统的论述。董仲舒提出了"天意""天志"的概念，并且提出了"天人相与"的理论，认为天和人间是相通的，天是有意志的，是最高的人格神，是自然界和人类社会的最高主宰，天按照自己的面目创造了人，人应按天的意志来行动。从"天人相与"的神学目的论出发，董仲舒提出"君权神授"的命题。他认为皇帝是天的儿子，是奉天之命来统治人世的，人民应该绝对服从他们，凡是君主喜欢的事，老百姓应该无条件去做。君权神授的理论，强调君权的天然合理性和神圣不可侵犯性。

董仲舒在论证天人合一、君权神授的同时，也指出了天的权威是高于君主的，君主居于万人之上，但也要尊天敬天，受天约束。如果君的行为不符合天意，天就会以灾异的方式给出警告，要求君主改正，适当调整政策。如果君主一意孤行，天就会给予责罚，必有灾祸降临。这就是所谓"天谴说"。在现实社会政治生活中，君主的权力是至高无上的，天的权威则是虚幻的，在没有法律、制度保证的情况下，以天制约君权常常流于空谈，很难取得实际效果。天谴说体现了统治阶级自我调节的愿望，是其在政治上成熟的表现。

董仲舒认为的天的运行有其内在的规律，体现为阴阳分合运行。阴阳之道是宇宙和社会中的普遍规律，世上的所有事物都是这样的阴阳组合，阴阳两方虽然共存，但它们的地位并不平等，而是"阴兼于阳"，阳处于主宰、制约的地位，阴处于被支配、被制约的地位。二者的关系实际上是一种主从关系。天道是这样，所有其他阴阳关系也是这样，都是阳的一方支配阴的一方。体现在社会政治关系上，就是君、父、夫分别支配、决定着臣、子、妻。君臣、父子、夫妻是当时社会诸种关系中最基本、最重要的。这三种关系的内在法则是"君为臣纲，父为子纲，夫为妻纲"，也就是所谓的三纲。统治者只要处理好这三种基本关系就能有效控制整个社会。三纲根源于天，因而是神圣不可侵犯的。董仲舒的阴阳合分论为君主政治提供了精巧的合法性论证。

万世亡弊，变而有常

"万世亡弊，变而有常"是董仲舒的天道观思想的概括。

天有天道，人有人道，它们作为客观的规律，都是不可违背的，"反天之道无成者"。因此，人主必须审其处，使好恶喜怒必当其义乃出，若天之暖晴寒暑必当其时乃发也。人主必须当喜而喜，当怒而怒，如天当寒而寒，当暑而暑，不可颠倒喜怒，混淆寒暑。这样，天就会有美岁，社会则有治世；否则，天当寒而暑，或当暑而寒，必为恶岁；人主当怒而喜，或当喜而怒，则必为乱世矣。这种天道的恶岁与人间之乱世，无疑正是违背天道所得到的惩罚。

天道既然是规律的话，就是客观的、不依人的意志为转移，并且是不可违反的，否则就要受到惩罚。例如，董仲舒在答汉武帝的策问时，曾研究和总结了周朝的成败兴衰经验。他指出，一切人君莫不希望国泰民安而恶政衰国危，然而政乱国危者甚众，原因一是所任非其人，一是所由非其道，因而造成了"政日以仆灭"的后果。譬如周朝之道衰于幽厉二王，当时道非亡，即不是不存在了，而是幽厉不肯实行。而到周宣王时，宣王欲恢复先王之德，"兴滞补弊"，于是周道便复兴起来，由此表明天道、人道的客观性。

何谓"天道观"

天道观，讲述的是世界本原的根本观点，因其围绕着对天以及天人关系的不同理解而展开论辩，故称天道观。

从历史方面来看，天道观念源于原始社会。当时人们对自然界认识不足，总认为有一种超人的力量在支配着自然界，支配着人类。这超人的力量便是天。天是至高无上的神。商朝的人迷信，凡事占卜，就是天道观的反映。随着奴隶制国家的形成，出现了统治者和被统治者，产生了国王。反映在人们的意识上，便是在天道观的基础上产生了"帝"和"上帝"的观念。"帝"和"上帝"是和天具有同样权威的人格神，是万物的主宰。人世间的一切都要遵照上帝的意志，而代表上帝的便是国王。他是上帝的子孙，是"受命于天""替天行道"。假借天神的意志，赋予国王无上的权利，以行使统治权。人民必须老老实实地接受统治，这就是商代的统治思想，即所谓天道观。

从哲学方面来看，商朝统治者将天人格化，视为至上神，称为"帝"或"上帝"。祭祀、征伐、田猎、行止等都以占卜的结果行事，表现出唯心主义世界观。西周灭殷后提出"天命"观念，主张敬德保民以顺应天命，在一定程度上认识到了人为的作用。周太史伯阳父以阴阳之气的运行说明地震现象；郑国政治家子产提出"天道远，人道迩"，这都表明了朴素唯物主义思想的进一步发展。春秋末年的孔子肯定天命，但同时少言天道，主张"敬鬼神而远之"。战国初墨子反对天命，但主张天志。老子明确否认天是最高主宰，认为世界的本原是道，又讲"天下万物生于有，有生于无"，尽管学术界对老子"道"和"无"的含义至今仍有争论，但老子的观点毕竟将中国哲学对世界本原的思考大大地向前推进了一步。以后孟子和庄子分别继承发展了孔子和老子的思想。

《易传》主张太极为天地的本原，提出"形而上者谓之道，形而下者谓之器"的命题；《管子》以"精气说"强调天的物质性；荀子肯定"天行有常"，提出"制天命而用之"；韩非继承了老子、荀子的思想，对老子的道进行了改造。上述观点使先秦的唯物主义思想得到进一步发展。与天道观相联系，先秦哲学还具有丰富的辩证法思想，孔子提出"两端""过犹不及"的观点，反对片面性。老子主张"反者道之动",看到了对立面的相互依存和相互转化。《易传》提出"生生之谓易""一阴一阳之谓道",肯定事物对立面的相互作用是事物发展的原因,对立面的相互转化是普遍的规律。

董仲舒的天道观

董仲舒的天道观,一方面设定了一个"万世亡弊"的理想的一般天道,另一方面,又肯定了历史上的具体天道是可变的,特别是他还肯定了天、气及宇宙间万物的变化。这就使他的天道观自身陷入了一个不可解脱的矛盾,既有"天道不变"的形而上学思想,又包含了非常精彩的辩证法思想,具体表现在以下几个方面:

1. 董仲舒在许多地方肯定了"天"的运动和变化。董仲舒在《春秋繁露·顺命》中说:"天者万物之祖,万物非天不生,独阴不生,独阳不生,阴阳与天地参然后生。"他还在《春秋繁露·观德》中说:"天地者,万物之本,先祖之所出也。"同时,他还在《春秋繁露·诸侯》中说:"生育养长,成而更生,终而复始。"这表明,董仲舒理论体系的最高概念"天",作为"万物之祖",尽管董仲舒有时把天的这种生生不息的活动说得非常神秘,有时又把天道宣布为"万世亡弊"的,但在这里所说天的生育养长活动和变化,就明确肯定了天的运动和变化。

2. "气"在董仲舒的思想体系中含义也是很复杂的。气有多种,如天、地、人之气,阴阳二气,春、夏、秋、冬四时之气,与此相应,人亦有喜、怒、哀、乐四气,以及中和之气,贪、仁之气,治、乱之气等等。但不论何种的气,他都肯定了它们的运动和变化。董仲舒在《春秋繁露·循天之道》中说:"天之气,常动而不滞";在《春秋繁露·王道通三》中说:"四气者,天与人所同有者也,非人所当蓄也。故可节而不可止也。节之而顺,止之而乱";在《春秋繁露·如天之为》中说:"阴阳之气在上天,亦在人,在人者为好恶喜怒,在天者为暖晴寒暑,出入上下,左右前后,平行而不止,未尝有所稽留滞郁也。在人者,亦宜行而无留,若四时之条条然也。"这些都是说,气是"常动而不滞"的,故而"节""制"便"顺""止""蓄"则乱。由此表明,凡气都不是永恒静止、不动不变的,而是在运行着。天地之气正是由于其合、分、判、列,而有了阴阳、四时和五行。

3. 董仲舒肯定了社会的运动和变迁。虽然他曾设想了一个"万世亡弊"的天道，并在祖述先王之道时，肯定了尧舜禹"三圣相受而守一道"的"不言损益"的情况，但他同时也指出了商取代夏、周取代殷的"有所损益"的情况，并由此得出了"继治世者其道同，继乱世者其道变"的结论。这显然就肯定了历史的进化，特别是他还由此而提出了汉继秦大乱之后应实行"更化"的方针。

4. 董仲舒正是基于对天、对气变化运行的肯定，进而提出了万物随时间而变化的观点，这就是他所说："天无常于物，而一于时"。意思是说，天对一切事物来说，从来没有常住不变的时候，总是令其随时间而变化。春气生而百物皆出，夏气养而百物皆长，秋气杀而百物皆死，冬气收而百物皆藏。总之，凡天地间之万物，都随四时的变化而变化，"乘于其泰而生，厌于其胜而死"，这就是所谓"天之数"。

对于天道的"变而有常"和"不常之变"，董仲舒提出了"经""权"两个概念，用以概括这两个方面。董仲舒说天之道，"有伦、有经、有权"。这里的"伦"就是秩序；"经"即常规意，亦即必然性；"权"就是非常之变，即偶然性。他在这里提出的"经"与"权"概念，显然是与其对阴阳的运行及其作用的考察密切相关的。他认为，阳气自东北始出而南行，然后转西而北入，阴气则始出东南而北行，然后西转而南入，其中阳之行为顺，阴之行为逆，阳主生育养长，阴主刑杀。天以三时成生，以一时丧死。因此，他把阳的运行和作用称之为"经"，而把阴的运行和作用称为"权"。由此表明了天的好生之德。他在《春秋繁露·王道通三》说："阳为德，阴为刑，刑反德而顺于德，亦权之类也。虽曰权，皆在权成。是故阳行于顺，阴行于逆；逆行而顺，顺行而逆者，阴也。是故天以阴为权，以阳为经。阳出而南，阴出而北。经用于盛，权用于末。以此见天之显经隐权，前德而后刑也。"由此可见，这里所说天道的经与权，是与阴阳运行所处地位及作用密切相关的。

百物皆有合偶

"百物皆有合偶"的对立统一思想就是董仲舒提出来的。这也是董仲舒在发展观上的最大贡献。

董仲舒在《春秋繁露·基义》中说：

> 百物皆有合偶。偶之、合之、仇之、匹之，善矣。
>
> 凡物必有合，合必有上，必有下，必有左，必有右，必有前，必有后，必有表，必有里；有美必有恶，有顺必有逆，有喜必有怒，有寒必有暑，有昼必有夜，此皆其合也。

董仲舒在这里所揭示的，显然即是万物都是对立面的统一，按照他的说法就是"凡物必有合""百物皆有合偶"。这里包含了两个方面的意思：①说万物自身都是对立面的统一，所谓"百物必有合偶""天地之气，合而为一"，都是说的这个意思；②"凡物必有合"，有上必有下，有左必有右，有前必有后，有表必有里，有善必有恶，有顺必有逆，有喜必有怒，等等。这些显然都是说的对立面的统一，并且在先秦时期就已都有了，只是尚未作出"凡物必有合"和"百物皆有合偶"的概括。董仲舒用此把它们概括起来，这是他的一大贡献，也是向着到明清之际才提出的"合二而一"的思想迈出的第一步。

董仲舒画像

董仲舒"百物皆有合偶"的思想，主要表现于阴阳矛盾。董仲舒实际上是把阴阳的合偶看作是贯穿天道和人道的根本矛盾，正是由阴阳的合偶，推动了天道、人道的发展和变化。所谓"天道之常，一阴一阳""君臣父子夫妇之义，皆与诸阴阳之道"，就正说明了阴阳之道的普遍性。董仲舒在这里所讲的"合偶"也不是形而上学主义。

董仲舒还以小大、微著的对立面同一的辩证法，阐述了人世治乱的兴衰史。董仲舒说："春秋至意有二端，不分二端之所从起，亦未可与论灾异也，小大微著之分也。夫览求微细于无端之处，诚之小之将为著也。"这里所谓二端，即是指如小与大、微与著矛盾的两个方面。这是说，春秋的要意就在于认识小大、微著二端的关系，从二者相交的无端之处，探求微细之分，以了解和掌握自小为大、从微至著、聚少成多的道理。例如上面所说"寖明寖昌""寖微寖灭"之道，即是最有力的证据。"尧发于诸侯""舜兴乎深山"，并不是一日所铸就的，而是"蓄有渐以致之矣"；同样，夏桀被商汤讨伐和商纣王被周武王所推翻，也并不是一日的事情，而是多年暴逆不仁，以至谗贼立于朝堂，贤知隐伏山林。董仲舒在这里所阐明的小大、微著二端的辩证法，显然已经包含了今天所已熟知的量变引起质变的思想。这是很可贵的。

第四章　董仲舒的社会政治思想（一）

中国秦汉时代，发生了两件对此后两千年历史影响深远的重大事件。一是历史上第一个大一统帝国秦的建立。二是汉武帝确立儒家政治思想为国家意识形态，即"罢黜百家，独尊儒术"。汉武帝的这项措施就是根据董仲舒的建议而采取的。

董仲舒的社会政治思想包括主张"更化"的改革思想和取法于天的王道论。何谓"更化"？"更化"即改革，就是要汉武帝一改汉代以来所实行的与秦没有多大区别的大政方针，从政治、经济、思想等方面进行全方位的改革。

董仲舒提出了汉继秦必须更化，并不是一时的心血来潮，而是在总结历史经验的基础上得出的结论。他认为，古代圣王之继乱世，都要"扫除其迹而悉去之"，即要全部扫除旧社会的腐朽和乱国之政，然后"复修教化而崇起之"。历史上的殷继夏、周继殷都是如此，然而秦之继周却不然。周朝末年，由于失政，所以失了天下。而继周之后的秦"独不能改"，反而"益甚之"，最后灭亡。这样，董仲舒就从历史上正反两个方面的经验和教训，说明了继乱世改与不改，即"更化"与否，将会有截然不同的两种结果："更化"，就会行五、六百年而不衰败；"独不能改"，就会自食恶果。

董仲舒还以汉代以来的历史，说明了"更化"的必要。他认为，自汉朝建立以来，秦朝的"遗毒余烈，至今未灭"，习俗薄恶，"人民嚣顽，抵冒殊扞"，再没有比这腐烂之甚的了。在《汉书·董仲舒传》中，他把这种状况比之不调的琴瑟。他说："窃比之琴瑟不调，甚者必解而更张之，乃可鼓也；为政而不行，甚者必变而更化之，乃可理也。当更张而不更张，虽有良工不能善调也；当更化而不更化，虽有大贤不能善治也；故汉得天下以来，常欲善治而至今不可善治者，失之于当更化而不更化也。"意思就是说汉得天下以来的历史说明，汉继秦乃继大乱之后，如不调琴瑟，不更张琴弦，有再好的琴师，也弹不出好得乐曲来；为政应改革而不改革，就是有大贤在世，也治理不好。正是基于历史和汉朝以来得经验教训，董仲舒向汉武帝提出了"更化"的主张。

董仲舒的一般政治思想表现出来就是他的王道论。在董仲舒看来，天子是国家的"元本"他主张为人君者，小心谨慎，细致入微，以求自己的言行合于王道。董仲舒王道论最大特点，就是王道取法于天。

政治一统，思想一统

何谓"大一统"

《公羊传·隐公元年》："何言乎王正月？大一统也。"徐彦疏说："王者受命，制正月以统天下，令万物无不一一皆奉之以为始，故言大一统也。"（引自《汉书·王吉传》），《春秋》中说：所以大一统者，六合同风，九州共贯也。""大"，重视、尊重的意思；"一统"，指天下诸侯皆统系于周天子。后世因称封建王朝统治全国为大一统。

大一统，是一种概念，一种拥有无限向心力的概念；大一统，是一种气魄，一种积极开拓奋发向上的气魄；大一统，是一种胸怀，一种兼收并蓄、包容一切的胸怀。

关于"大一统"，董仲舒并没有给它下过准确的定义，但是却有关于这方面的论述。他在《天人策》里面说：

臣谨案《春秋》之文，求王道之端，得之于正。正次王，王次春。春者，天之所为也；正者，王之所为也。其意曰，上承天之所为，而下以正其所为，正王道之端云尔。

臣谨案《春秋》谓一元之意，一者万物之所从始也，元者辞之所谓大也。谓一为元者，视大始而欲正本也。《春秋》深探其本，而反自贵者始。故为人君者，正心以正朝廷，正朝廷以正百官，正百官以正万民，正万民以正四方。

四方正，远近莫敢不壹于正，而亡有邪气奸其间者。

《春秋》大一统者，天地之常经，古今之通谊也。今师异道，人异论，百家殊方，指意不同，是以上亡以持一统；法制数变，下不知所守。臣愚以为诸不在六艺之科、孔子之术者，皆绝其道，勿使并进，邪辟之说灭息，然后统纪可一而法度可明，民知所从矣。

这段话讲的大概意思是：《春秋》中倡导大一统，以一元为始而正本；王者是国家的元本，上承天意，以正朝廷，统百官，率四方；为此，王者必须独尊孔氏，而罢黜百家，灭息邪辟的学说。把这些内容加以分析即可看出，董仲舒所提出的大一统主张包含以下两个方面的内容：第一，是政治上的统一，人君为国之元首，上承天意，以统一一国之民，统一一国之政令，这就是所谓"普天之下莫非王土，率土之滨莫非王臣"所表达的意思；第二，是思想或意识形态领域的统一，这就是他建议的罢黜百家，独尊儒术，即一尊于儒学。

历史必然性

董仲舒这种"大一统"思想的出现，绝非偶然，它是中国历史发展的必然，也是对先秦以来要求统一思想的继承和总结。

春秋战国时代，列国群雄并起，学术界也百家殊方，其影响较大者不外儒、法、道、墨和阴阳几家。历史自先秦经秦进入西汉前期，在学术上一尊于法家，二崇尚黄老（道），而儒家却受到冷落。如从先秦算起，可以说儒家几经磨难，先厄于墨，次厄于法，再厄于黄老，其中最恶者为秦时所遭"焚""坑"之祸，当时儒家六艺岌遭灭绝。

汉初崇尚黄老，而且取得了明显的成效。但是武帝时为什么突然改换了门庭，转而"独尊儒术"呢？

实际上，儒学自身有一个在用世过程中不断变化以适应封建统治者需要的过程，封建统治者也有一个根据自己的需要寻找和选择适合的意识形态的过程。董仲舒的儒学恰好出现于汉武帝时代。后来之所以出现儒术独尊的局面，也正是它在逆境中不断改变自己、丰富自己，加强自己的结果。

回顾儒学的发展过程，从孔子创立儒学时起，即提出了以仁德为中心的民本观，主张"道之以德，齐之以礼"，以德化民。因此，他虽曾以大贤而被任为鲁国司寇，但其政治主张在当时诸侯割据的条件下很难实行，最后只好去周游列国，并落得个"累累若丧家之狗"，以悲呼"吾道穷矣"而终。后来孟子在杨、墨盛行之世，继承和光大了孔子的"民本"思想，鲜明地提出了"民为贵，社稷次之，君为轻"的不朽名言游说列国，但同样终不得用世。及至荀卿，面对列国兼并争雄之势，遂吸收了道、墨、名、法的许多重要思想，在礼治之中补充以法制，并变孔孟的"法先王"而为"法后王"，这可以说是对前期儒学性格的重大改变了，但是他仍然坚持了其"从道不从君"的一贯主张。

后来郦食其和叔孙通主张改变儒生性格。郦生为佐汉王大业，一改其只言仁义不言功利的性格，积极筹划战胜之策，并亲往齐地，为汉王做说客。后来随何亦继承了这一新的性格，使其被迫承认儒士在夺取政权过程中的重要作用。第二个进一步改变了儒学性格的是叔孙通。当汉高祖刘邦称帝之后，同他一起打天下的开国功臣不遵礼节。高帝对此很有顾虑，叔孙通征鲁诸生与其弟子"共起朝仪""自诸侯王以下莫不震恐肃敬"，群臣"无敢灌哗失礼者"，于是高帝曰："吾乃知皇帝之贵也。但这实际上就把法家的"尊君卑臣"思想移植到了儒学之内。由此，拜叔孙通为太常，又叫他任太子太傅。西汉初年这些儒者的影响，无疑也在改变着统治者对儒学的态度。

在统治阶级高层对儒学的作用已有所觉悟的情况下，儒学开始复兴。儒学的这一复兴主要表现在两个方面：一方面，即为上层统治者所接受，从而不断强化了对上层的影响；另一方面表现，即在西汉前期社会也得到了广泛传播。

一个政权代替另一个政权，往往需要经过激烈的斗争，甚至战争。两种意识形态之间的斗争，虽然不会兵戎相见，但是当涉及两种思想的存亡兴衰之时，有时也会伴随有流血事件的发生，秦朝的"焚书""坑儒"已有先例，汉朝从尚老到尊儒虽未酿成如此惨祸，但也付出了相当高的代价。如齐人辕固生就曾因说黄老书为"家人言耳"，激怒太后而使入圈击彘，险遭杀身之祸。如果说这次还没有造成直接的惨祸，那么武帝即位不久所发生的一场儒道之争，便直接结果了两条人命。这就是俱好儒的丞相魏其（窦婴）和太尉武安（田蚡），推举赵绾为御史大夫，王臧为郎中令，迎鲁申公（绾、臧均受诗于申公），欲立明堂，令列侯就国除关，以礼服制，以兴太平，隆推儒术，贬道家言。好黄老术的窦太后滋不悦魏其等。到建元二年时，赵绾请无奏事东宫，窦太后大怒，于是罢逐赵绾、王臧，免丞相、太尉，随即绾、臧"皆下狱自杀"。由此可见，西汉前期的尚道与隆儒之争也是相当激烈、甚至是残酷的。

不过，无论如何，到武帝时，黄老已失去了往昔的地位，尊儒已成水到渠成之势。值得一提的是，恰在此时儒术独尊，也是历史的机缘。当时的历史情况是这样的：西汉初年新封外姓藩王和刘氏藩王，经过文、景二帝的削藩已获得部分解决，但尚未彻底解决；农民与地主阶级的矛盾已经开始显露，但又尚未激化；与此同时，与北方匈奴的民族矛盾也已到了非解决不可的时候。当时武帝所面临的就是这样一些矛盾。而武帝雄才大略，要干一番事业，光靠黄老的无为思想及休养生息政策，显然已不再能适应时代，尤其是武帝的要求了。当时迫切需要一种新的、能够从天道观的高度来全面论证封建统治的合理性以及维护以皇帝为代表的中央集权制的有为理论体系，恰好此时经过历代儒家改造过的、特别是经过董仲舒阐发而创立的新儒学已经成熟，完全可以担当此大任。所以，当武帝在策问中提出"欲闻大道之要"时，董仲舒所述对策一拍即合，从而得到了武帝的赏识，使儒学一跃而登上了封建王朝统治思想的宝座，从此也实现了历代儒家所追求的以儒学来"修身、齐家、治国、平天下"的夙愿。

当然，在武帝时虽已确定了尊儒的大政策，但在当时还难以完全实现，这是因为，一方面同匈奴的矛盾已很尖锐，实际上处于战时状态；另一方面，对内同地方割据势力的斗争也尚未结束，必须任用执法严厉的权臣，统一货币，实行盐铁专卖，以加强中央的实力；再则，儒学的普及仍需有一定的时日。当然，由于独尊儒术的思想在最高统治集团中已有了认识，所以刘宣、元时期便最终实现，并成为不可逆转的形势。

加强中央集权

董仲舒政治上的"一统"主张，最根本的就是要加强中央集权制，在当时而言，最重要的和最根本的就是要加强封建皇帝的权威。

联系时势，汉初，实行郡国并行制，从而导致了王国问题的出现，中央集权受到严重威胁。汉景帝接受晁错"削藩"的建议，后平定七国之乱，收回官吏任免权；汉武帝颁布"推恩令"，又削夺大批王侯爵位，解除了王国的威胁，董仲舒就是在这个时候提出"罢黜百家，独尊儒术"主张的，并被汉武帝所采纳，确立了中央集权政治制度所需要的指导思想的理论基础，形成了"大一统"局面。从此，封建政治制度的政体基本定型，专制主义中央集权制度得以巩固。

董仲舒关于加强中央集权方面的思想，主要表现为以下几点：

1. 在董仲舒看来，天子是号令天下的人，人君"受命"，乃"百神之大君"的"天意之所予也"。这明显是要借助于"君权神授"，来为皇帝笼罩上一层神圣的光环。这样，皇帝便被神圣化了，而皇帝当然也就可以神圣的天之骄子的身份，假以天意，来统领天下和号令一切了。这是董仲舒提出政治上一统于天子的最基础的一条。

2. 董仲舒认为，天子是受到天的任命的，而天下的诸侯则"受命于天子"，这就是说，基于天子受命于天，因而天子也就有了授命天下、诸侯及一切臣民的大权。显然，这也是政治上一统于天子的重要基础，同时也是天子一统天下的重要方面。

3. 董仲舒明确提出了"君人者国之元""君人者国之本"的思想。在他看来，"人主立于生杀之位，与天共持变化之势"；"物莫不应天化"，人主也"以好恶喜怒变习俗"。因此，人君之"发言动作"，乃"万物之枢机"。枢机之发，荣辱之端也，失之毫厘，驷不及追。所以，明主贤君以仁德教化于民，成民之性，于是天下归心，而归心则可一统。这是从人君处于元、本之重位，来说明其以德化民，使天下归心，对一统天下的重要作用。

4. 董仲舒提出"正者，王之所为"的观点。他认为，王者必须承天意，以正其所为。如他所说："以元之深正天之端，以天之端正王之政，以王之政正诸侯之即位"，又如他说："王者正心以正朝廷，正朝廷以正百官，正百官以正万民，正万民以正四方，四方正则远近都壹于正"。由此说明，王者的任务就在于使天下归于一统。而这里的正也就是天意或天之所为。

思想上"大一统"

董仲舒首先提出一个"罢黜百家，独尊儒术"的"大一统"思想，把孔丘在《春秋》中的"大一统"思想加以改造和发展。孔丘的"大一统"，原是在奴隶制将崩溃，奴隶主阶级的政权已摇摇欲坠的时候提出来的，而董仲舒却把它改造成为为封建地主阶级服务的政治理论。孔丘的"大一统"，本来仅指周朝天子的奴隶主政权而言的，而董仲舒却把它改造成为封建统治的意识形态方面的理论。

西汉初年，由于社会经济遭到秦汉之交长期战乱的严重破坏，因此统治阶级所面临的主要任务是恢复生产，稳定封建统治秩序，因此，在政治上主张无为而治，经济上实行轻徭薄赋。在思想上，主张清静无为和刑名之学的黄老学说受到重视。到了汉武帝时，由于有汉文帝和汉景帝两代积累，西汉社会经济已得到很大的恢复和发展。与此同时，随着地主阶级及其国家力量的强大，对农民的压迫和剥削也逐渐加重，农民和地主阶级之间的矛盾逐渐加剧。因此，从政治上和经济上进一步强化专制主义中央集权制度已成为封建统治者的迫切需要。

在这种情况下，主张清静无为的黄老思想已不能满足政治需要，更与汉武帝的好大喜功的性格相抵触；而儒家的"大一统"思想、"仁义"思想和君臣伦理观念显然与武帝时所面临的形势和任务相适应。于是，在思想领域，儒家最终取代了道家的统治地位。

建元元年（前140年）武帝继位后，丞相卫绾奏言："所举贤良，或治申、商、韩非、苏秦、张仪之言，乱国政，请皆罢。"得到武帝的同意。

太尉窦婴、丞相田蚡还荐举儒生王臧为郎中令，赵绾为御史大夫，褒扬儒术，贬斥道家，鼓动武帝实行政治改革，甚至建议不向窦太后奏事。窦太后对此不满，于建元二年罢逐王臧、赵绾，太尉、丞相也因此被免职。

建元六年，窦太后趋势，儒家势力再度崛起。

元光元年（前134年）武帝召集各地贤良方正文学之士到长安，亲自策问。

董仲舒在对策中指出，"大一统"是"天地之常经，古今之通谊"，现在百家之言宗旨各不相同，使统治思想不一致，法制屡次改变。他建议："诸不在六艺之科、孔子之术者，皆绝其道，勿使并进。"董仲舒指出的适应政治上"大一统"的思想统治政策，很受武帝赏识。儒术完全成为封建王朝的统治思想，而道家等诸子学说则在政治上遭到贬黜。

不过，无论如何，到武帝时，黄老已失去了往昔的地位，尊儒已成水到渠成之势。值得一提的是，恰在此时儒术独尊，也是历史的机缘。当时的历史情况是这样的：西汉初年新封外姓藩王和刘氏藩王，经过文、景二帝的削藩已获得部分解决，但尚未彻底解决。农民与地主阶级的矛盾已经开始显露，但又尚未激化。与此同时，与北方匈奴的民族矛盾也已到了非解决不可的时候。当时武帝所面临的就是这样一些矛盾。而武帝雄才大略，要干一番事业，光靠黄老的无为思想及休养生息政策，显然已不再能适应时代，尤其是武帝的要求了。当时迫切需要一种新的、能够从天道观的高度来全面论证封建统治的合理性，以及维护以皇帝为代表的中央集权制的有为理论体系，恰好此时经过历代儒家改造过的、特别是经过董仲舒阐发而创立的新儒学已经成熟，完全可以担当此大任。汉武帝是中国历史上一位著名的专制帝王，他在思想文化界首开"罢黜百家，独尊儒术"的政策，确立了儒家思想的正统与主导地位，使得专制"大一统"的思想作为一种主流意识形态成为定型，而作为一种成熟的制度亦同样成为定型，他完成了专制政治结构的基本工程，所谓"内圣外王"，刚柔相济，人治社会的政治理想第一次因为有了一套完备的仕进制度而得以确立；是他使得大家族的生活方式成为一个社会牢固、安定的势力，并进一步推而广之，最终使之成为整个宗法制国家的基础。

董仲舒塑像

不过，汉武帝的文治武功固然自有其进步意义，但它对历史的负面影响却也同样不容忽视，像专制"大一统"的思想固然能够增强民族之间的凝聚力，但同时却也将专制集权推向了登峰造极之地步；大家族的生活方式虽然的确成为起稳定社会之基石，但同时也使得人治政治成为两千年不变之定式；至于汉武帝时代连年不断的战争与攻伐，则更是造成了社会动荡、民不聊生之恶劣后果。

改革政治，改革经济

汉初，统治者采取了"休养生息"的国策，信奉黄老思想，崇尚"无为而治"。所谓"无为"并不是什么都不做，并不是不为，而是含有不妄为、不乱为、顺应客观态势、尊重自然规律的意思。"无为"是指不做任何违反自然规律、有损道德规范、违反社会法则，有害众生的事。老子说过"无为而无不为"，意思是说：不妄为，就没有什么事情做不成的。这里，"无为"乃是一种立身处世的态度和方法，"无不为"是指不妄为所产生的效果。老子还曾谈道，"为无为，则无不治，"意思是说以"无为"的态度去对待社会人生，一切事情没有做不到、办不好的。因此，老子所讲的"无为"并不是消极等待，毫无作为的，而是"为无为""为而不恃""为而不争"，即以"无为"的态度去"为"，去发挥人的主观能动性。

汉初的"休养生息"政策主要表现在以下几个方面：

1. 轻徭薄赋。

由于长期的战争，使得汉初的经济受到重创，民不聊生，土地荒芜，人口锐减，这时适时施行轻徭薄赋，对于稳定人心具有积极的作用。

从汉朝建立之初，在总结亡秦教训的基础上，统治者大多采用了无为而治、休养民力的政策，政府的赋敛，地主的田租，相对说来都较低，再加上战争已经结束，社会安定，所以生产不但得到迅速恢复，而且有了很大发展。据《汉书·食货志》载，孝景二年间，令民半出田租，三十而税一，朝廷又屡敕有司以农为务，民亦"乐业"。因此至武帝之初七十年间，"国家亡事，非遇水旱，则人给家足，都鄙廪庾尽满，而府库财余。京师之钱累百钜万，贯朽而不可校。"由此表现了文景时代的繁荣景象。

2. 与民休息。

与民休息，就是让百姓休养生息，即奖励生产，减轻刑法，提倡节俭等，来减轻对百姓的压迫和人身依附关系，使社会安定，经济恢复发展。政府对人民的政治生活和经济生活采取不干涉主义或少干涉主义，借以安定民心，发展社会生产。

3. 清静无为。

"好静"是针对统治者的骚扰而提出的，"无为"是针对统治者的苛政而提出的，"无欲"是针对统治者的贪欲而提出的。老子认为，为政者应当能做到"无为而治"，有管理而不干涉，有君主而不压迫。让人民自我发展，自我完善，人民就能够安平富足，社会自然能够和谐安稳。

繁荣背后

"文景之治"后经济得到的发展，但是其繁荣景象后面却又隐藏着危机。

广大农民，特别是自耕农，在地主以及官府的田租税赋和徭役的重负之下，日益走向破产的边沿，农民与地主阶级的矛盾日渐尖锐。贾谊说："汉立四十年以来，丰收之年，农民尚可勉强度日，一旦失时不雨，及岁恶不入，便会有不少农民卖爵、子。"晁错亦上书称："今农夫五口之家，其服役者不下二人，能耕土地不过百亩，其收入亦不过百石，然其辛苦却甚重。春、夏、秋、冬四时之间，无休息之日，又要送往而迎来。吊死问疾，养孤长幼，倘复被水旱之灾，加上官府的急政暴赋，便会出现卖田宅、鬻子孙以偿债者。"

至汉武帝之时，董仲舒借揭露秦末阶级对立的状况，亦深刻指出："自秦废井田，民得买卖以来，富者田连阡陌，贫者亡（无）立锥之地，加之月为更卒，已复为正，一岁屯戍，一岁力役，三十倍于古；而田租口赋，监铁之利，二十倍于古，或耕豪民之田，见税什五，故而贫苦农民常衣牛马之衣，而食犬彘之食，又重以贪暴之吏的压榨，所以许多贫民都逃亡山林，转而为盗，终至促成了秦朝的灭亡。"可见，到汉武帝时代，由于地主和官僚的压迫，广大农民虽然为汉王朝积累了大量财富，但他们自己的生活却日益贫困，两个阶级之间的对立也日趋严重。

这是董仲舒亲眼看到的繁荣景象后存在的严重的社会问题。

改革家的面孔

董仲舒总是以社会改革家的面孔示人。

从战火纷飞的战国时期进入横征暴敛的秦王朝，再从秦朝末期的频繁战乱进入相对稳定的西汉王朝，此时中国的封建社会虽表面上获得了统一，但始终没有得到安宁，主要表现在两个方面：

1. 汉廷所分封的诸侯国不断有反叛行为，较为典型的是汉初的"七国之乱"，它是是以刘邦之侄吴王刘濞为首发动的一次同姓王联合大叛乱，为了平息这些叛乱，朝廷因而频繁用兵。

2. 汉初的土地兼并的现象日益严重，新兴的官僚地主阶级同广大农民和残存的奴隶的矛盾在进一步发展。这样便向新兴地主阶级的政治家和理论家提出了一个如何进行政治、经济、思想乃至吏制等方面的建设，以适应形势发展的要求，从而促进社会的统一、安定和进步的问题。

这时，董仲舒对儒学进行了改造形成了新儒学，这种新儒学便为封建社会初期这场势在必行的改革提供了理论基础。以自然神论为基础的"天人感应"的思想，以君权神授的形式，向人们宣布了君主的神圣性。它又以"独尊儒术"和"大一统"的观点，维护了以刘氏皇帝为核心的中央集权制。它以继乱世必须"更化"的三统三道的历史观，为汉王朝继秦乱之后进行改革直接提供了理论根据；而它的"三纲""五常"的伦理思想、取法于天以行仁政、德治为中心内容的王道论，又为其规定了建设的方向和目标。

当然，董仲舒不仅为西汉王朝提供了改革的理论基础，而且还提出了指导思想以及政治、经济、法律、教育、吏制等方面的具体建设措施和主张。由此即充分表明了董仲舒作为封建社会初期改革思想家的立场。

改革措施

董仲舒在政治、经济领域提出了一系列的改革措施，主要表现在以下几个方面：

1. 董仲舒提出："古井田法虽难实行，宜少近古，限民名田，以淡不足，塞并兼之路。" 意思是说：天下均田的古井田法暂难实行，但总得让耕者有其田，限制剥削，尊重人权，还利于民。这些解放生产力的措施在儒学思想体系中有更严格的要求。

2. "薄赋敛，省徭役，以宽民力。" 董仲舒的这个观点见于《食货志》。何为"薄赋敛""省徭役"？董仲舒在《王道》篇以颂扬五帝三皇治天下有方，实际上提出了自己理想社会中的赋税和徭役数量："什一而税；……不夺民时，使民不过岁三日。" 这样当然就大大减轻了人民的赋税和徭役负担。

3. "去奴婢，除专杀之威"。"去" 即减少意，不是禁绝。"除专杀"，意即禁止主人随意擅杀奴隶。汉武帝采取的是铁腕手段来实行此项政策。用酷吏打击豪强，迁兼并之徒乱众之家以实关中的严酷政策，才把第一次土地兼并高潮压了下去。但是，经过汉武帝第一次土地兼并高潮，自商鞅变法以来，所建立的名田制（受田制）却彻底被破坏了。

4. 制 "度制"，调均贫富。董仲舒在《度制》篇中说：

> "孔子曰：'患贫而患不均。'故有所积重，则有所空虚矣。大富则骄，大贫则忧。忧则为盗，骄则为暴，此众人之情也。圣者则于众人之情，见乱之所从生。故其制人道而差上下也。使富者足以示贵而不至于骄，贫者足以养生而不至于忧。以此为度，而调均之。"

这段话的意思是说：孔子说过："贫穷并不可怕，可怕的是贫富不均。"所以在某一方面有所侧重就会有带来无法避免的问题。财富太多就会骄傲，太穷就会忧虑，忧虑便会想去作盗贼，骄傲了容易变得暴虐，这都是人之常情。圣人从众人的常情看到祸乱的根源，所以制定社会的规范使上下之间有所差别，让富人可以显示他们的尊贵而不至于骄傲，让穷人可以生存不至于担忧，拿这个标准来调配均衡，就可以使财货不匮乏、社会上下安定，也就容易治理了。如今把这制度抛弃了，全凭着个人的私欲，欲望没有止境，社会上可以胡作非为，这种局面假若发展下去，在上面统治者便会抱怨财货不够，而下面的民众却会贫困不堪，这样一来富人就会愈发贪图好处不会做符合道义的事了，贫困的人经常犯法不能休止，这样的社会就没法治理了。

5. 禁官吏经营工商业与民"争利""盐铁皆归于民"。董仲舒在给武帝所上《天人策》中就提出："夫天亦有所分予，于之齿者去其角，傅其翼者两其足，是所受大者不得取小也。古之所予禄者，不食于力，不动于末，是以受大者不得取小，与委同意者也。……故受禄之家，食禄而已，不与民争业，然后利司均布，而民可家足。此上天之理，而亦太古之道，天子之所宜法以为制，大夫之所当循以为行也。"

政法改革，原心论罪

"原心论罪"是董仲舒"主刑辅王道论"的一个观点，即在政法方面提出的改革主张。

何谓"原心论罪"？"原心论罪"是指在审理案件时，主要根据犯罪者的动机来酌定刑罚。只要有动机，不管是否已经做出了行为，都要加以惩罚？"原心论罪"实际上是一种动机论，看重行为者的动机而不是效果。这对司法实践的指导有一定的弊端，它容易导致执法者主观定罪，徇情枉法。

董仲舒法律思想

董仲舒以儒家思想为主，但他并不是纯粹的孔孟继承者，除了儒家思想，他还吸收阴阳五行家、法家以及殷周的天命神权等各种有利于维护封建统治的思想因素，创造了一种新儒学。在法律思想方面，他倡导的"三纲"成为后来指导封建立法、司法的基本原则；他主张的"德主刑辅""原心论罪"被奉为统治人民的基本方法。

董仲舒是很看重《春秋》的，他把《春秋》看成治国理民的法典，凡是遇到政治、法律等一切疑难问题，他都从《春秋》中找到答案，并按照《春秋》精神，从理论上加以论证。董仲舒的"一统'，就是"一统乎天子"，也就是要实行君主集权。为了维护和发展当时政治、经济的大一统局面，加强对人民的思想统治，董仲舒提出了"罢黜百家，独尊儒术"的主张，要求以儒家思想统治其他各家。由于西汉神权地主阶级处于上升阶段，董仲舒为加强封建中央集权、维护大一统思想，曾经起过一定的积极作用。

董仲舒的政治法律思想，完全适应和满足了封建统治阶级的需要，成为官方统治思想，在封建社会长期居于统治地位。董仲舒为汉代创制了维护和巩固封建"大一统"的政治法律思想体系，既有反对的一面，也有进步的作用。

听狱断案

董仲舒在《春秋繁露·精华》中说：

> 《春秋》之听狱也，必本其事而原其志。志邪者不待成，首恶者罪特重，本直者其论轻。

这句话的意思是说：听狱断案，要以犯罪的事实为依据，以此来追寻犯罪者的心理动机。只要有犯罪动机，不待其犯罪已遂，就要给以惩处；特别是对于首犯，要从重惩处；而无犯罪动机的人，那么即使犯了罪，也要从轻处罚。为了论述这个观点，董仲舒还举了几个例子：

1. "逢丑父当斩"。说的是齐顷公与晋、鲁、卫之战，齐顷公被围，恰巧丑父与顷公面貌相似，情急之下，二人换了服装，齐顷公得以逃脱回国，而逢丑父被俘。董仲舒作为公羊派的大师，自然取《公羊传》说，认为"逢丑父当斩"。主要原因就在于，逢丑父虽然替君一死，免君之受辱，但是，"获虏逃遁者，君子之所甚贱"，因此，丑父之行是"措其君于人所甚贱以生其君，《春秋》以为不知权而简之。"

2. "辕涛涂不宜执"。这说的是一个欺三军的故事。齐桓公于鲁僖公四年向南经陈伐楚，战胜之后又回师陈国。陈国大夫辕涛涂因齐军纪律不严，出了一个主意，要齐军沿海岸东征服东夷而回齐。齐桓公以为可以这样做，但结果大军"陷于沛泽之中",于是齐桓怒而"执涛涂"。董仲舒坚持了《公羊传》的说法,认为齐桓公不整顿自己的军队,反而"执辕涛涂",是没有道理的。

3. "鲁季子追庆父"。说的是闵公二年,公子庆父弑闵公,杀公子牙,然后出奔莒国。季子因其弑君而追杀庆父,但季子与庆父是兄弟,碍于"亲亲"关系,故缓追以令其逃逸。不过最终还是没有允许其归国,最后庆父还是自杀了。董仲舒认为季子"追"庆父,意即要诛庆父。

4. "吴季子释阖庐"是说阖庐派专诸刺杀了吴国君王僚,要把国家交给季子。季子说:要你杀了我的国君,我若接受当了同谋。而且你杀了我的兄长,我若为君又要杀你,这样父子、兄弟相杀没完没了,所以我不能接受做国君。于是吴季子回到封地再没有回到吴国。故此,《公羊传》认为吴季子"不受国为义,不杀为仁,是为大贤。"

通过对这四个案例的分析,董仲舒说明了听狱断案"本事"而"原志"的重要性。这四个案例,虽然前两个都是所谓的"欺三军",后两个都是"弑君",但是由于其"志异""本殊",因而便有了"或死或不死"及"或诛或不诛"的结果。董仲舒在这里首先说的是断案要"本其事",即审理案件要依据犯罪的事实,而不能不顾事实地随意推测。这无疑是非常重要和正确的,但是他同时又认为,断案亦要注意动机,亦即所谓"原其志"。

因此,就董仲舒所说"本其事而原其志"这句话来看,不能说完全没有道理,但是,他又明显夸大了动机在论定犯罪性质上的作用。例如他所谓"志邪者不待成"和"本直者其论轻",虽然是以"本其事"为前提的,但它又明显过分强调了动机的作用,以至包含了脱离"本其事"的倾向,再前进一步,便不再是"本其事而原其志",而变成了单纯的"论心定罪",如《盐铁论·刑德》所说:"《春秋》之治狱,论心定罪。志善而违于法者免,志恶而合于法者诛。"

第四章 董仲舒的社会政治思想（二）

举贤任材，广纳儒生

西汉前期官吏的选任制度，主要有四个途径，现将其归纳如下：

1. 大量任用军功重臣。这主要是指帮助刘氏打天下的军功将士。从汉高祖到汉景帝，先后担任宰相的有萧何、曹参、王陵、陈平、周勃、灌婴、张苍、申屠嘉等，即都是有军功者，而陶青、周亚夫、刘舍，虽是以嗣侯位而后任宰相者，而其先亦是军人将士。其他朝廷大官，亦大多为参与征战的军功将士。

2. "任子制"。一方面，这是古代贵族政治的残余，另一方面，也是汉初尚无健全吏制的必然产物。因为没有正常的选吏制度，因而那些握有重权的王公大臣，便想乘机安插自己的子弟甚至亲故，作为自己的接班人，为其谋得个高官厚禄。董仲舒在上书武帝的《天人策》中就已提到"夫长吏多出于郎中、中郎，吏二千石子弟选郎吏"；后来王吉也指出："今使俗吏得任子弟"。可见，任子制已是汉代吏制的一个重要方面。

3. 是董仲舒早在《天人策》就指出"累日以取贵，积久以致官"，即从任职时间长的官吏中选拔官吏的办法。

4. 汉朝初年，高祖也曾下诏求贤，内容是："盖闻王者莫高于周文，伯者莫高于齐桓，皆待贤人而成名，今天下贤者智能岂待古之人乎？患在人主不交故也。士奚由进！今吾以天之灵，贤士大夫定有天下，以为一家，欲其长久，世世奉宗庙亡绝也。贤人已与我共乎之矣，而不与吾共安利之。可乎？贤士大夫有肯从我游者，吾能尊显之。布告天下，使明知朕意。"此诏是一个一般原则性举贤、求贤的诏书，既无贤者的标准或条件，亦无时限，更无名额规定。所以还不是一种求贤制度，但也不失为一种选士途径。如汉文帝二年和十五年，汉武帝建元元年均诏举贤良方正直言之士。

不满吏治

据《汉书·董仲舒传》，董仲舒对当时的吏治是提出批评的，他说：

> 夫长吏多出于郎中、中郎，吏二千石子弟选郎吏，又以富赀，未必贤也。且古所谓功者，以任官称职为差，非所谓积累久也……今则不然，累日以取贵，积久以致官，是以廉耻贸乱，贤不肖混淆，未得其真。

实际上，汉朝的这种官吏选任方法，是有着其历史原因的。在汉立之初，陆贾在高祖面前时常称《诗》《书》。对此，刘邦很不以为然，他说："乃公居马上得之，安事《诗》《书》?"陆贾亦不甘示弱，尖锐地指出："居马上得之，宁可马上治之乎?"这显然是说，虽然必须马上才能得天下，但却不能马上治天下。治天下就必须要读《诗经》、读《尚书》，其中也包含了要任用儒生之意。当下刘邦无言以对，但他并未因此而改任儒生。至于第四种选士的办法，则显然需要制度化。最受非议的，是第二、三种选士办法，例如上面所提到的王吉就指出："今使俗吏得任子弟，率多骄骜，不通古今。"

吏治改革措施

针对上述四种任选吏的弊病，董仲舒提出了如下几种吏制的改革措施来克服"任子制"以及"累日以取贵"的弊端。

1. 促使官员求贤、荐贤。关于这一点，董仲舒在所上《天人策》有具体讲述：

> 臣愚以为使诸列侯、郡守、二千石各择其吏民之贤者，岁贡各二人以给宿卫；且以观大臣之能，所贡贤者有赏，所贡不肖者有罚。夫如是，诸侯、吏二千石皆尽心以求贤，天下之士可得而官使也。遍得天下之贤人，则三王

之盛易为,而尧舜之名可及也。

2. **量材授官,鼓励破格任用贤才。** 破格任贤,不以其所任时间的长短为据,而纯粹是以才能的大小而授官,以德行之好坏而定位。这也是在《天人策》中他提出的改革办法,他说:

> 毋以日月为功,实试贤能为上,量村而授官,录德而定位,则廉耻殊路,贤不肖异处矣。故小材虽累日,不离于小官;贤材虽未久,不害为辅佐。是以有司竭力尽知,务治其业而以赴功。

3. **按照"考绩"来决定官员的升降。** 董仲舒主张通过"考绩""计事",来对官吏进行考评,考评结果决定官员的进退或升降。他特别强调了揽名责实,赏罚分明,功盛赏显,罪多罚重,赏罚用于实,不用于名。这样即可使百官劝职,争进其功。

董仲舒在《春秋繁露·考功名》中对此进行了详细地解释:

> 考绩黜陟,计事除废。有益者谓之公,无益者谓之烦。揽名责实,不得虚言。有功者赏,有罪者罚;功盛者赏显,罪多者罚重。不能致功,虽有贤名,不予之赏;官职不废,虽有愚名,不予之罚。赏罚用于实,不用于名;贤愚在于质,不在于文。故是非不能混,喜怒不能倾,奸究不能弄,万物各得其冥,则百官劝职,争进其功。

董仲舒提出的这三条改革吏治的方法,实际上也是为了促成他提出的"罢黜百家,独尊儒术"思想得以实施。应该说这里也表明了他的政治思想路线与实践路线是一致的。从上面吏制改革的内容即可看到,无论他所说"举茂才孝廉"或所贡吏民"贤者",以及"考绩",都是以"独尊儒术"为标准的。因此,董仲舒提出的"罢黜百家,独尊儒术",不单纯是指导思想上的一场变革,而且也还具有吏制改革的意义。

可以这样说，董仲舒为后世的儒家弟子做官开辟了道路。自汉以后，几乎所有文官，都为儒家所包揽，成了儒家的一统天下，显然也都仰仗他所倡导的"独尊儒术"。在董仲舒之后，公孙弘得以布衣之儒入相，董仲舒的许多学生也都做了大官，无疑都有赖于董仲舒"独尊儒术"的上书。董仲舒也就为后世之儒开辟了仕途，而封建统治者也以此劝以官禄，广为网罗人才，以固其业。因此，《汉书·儒林传》"赞"曰："自武帝立五经博士，开弟子员，设科射策，劝以官禄，讫于元始，百有余年，传业者寝盛，支叶蕃滋，一经说至百余万言，大师众至千人，盖禄利之路然也。"

教化兴学，养士求贤

董仲舒站在维护皇权、维持封建大一统的立场上，继承了历史上举贤养士的优秀思想，也是在总结亡秦的教训的基础上，从国家政治发展的长远利益出发，从官吏队伍的建设出发，他提出了欲提高吏员素质，壮大统治力量，必须重视发展教育所谓思想。在发展教育的过程中，朝廷应该首先拨款建立在全国起示范作用的官立高等学府，即太学，加强太学的领导，在太学中聘请名师培育人才，以备政府之需。否则，若无人才，国家之治就是一句空话。

董仲舒兴太学以养士的主张被汉武帝欣然采纳，汉武帝命令丞相公孙弘付诸实施，在汉武帝元朔五年，在西汉京师长安设立了太学，设置博士（古代的一种官职）2人，博士弟子50人。自此，建立起了以太学为首的中央官学体制。太学自汉武帝始设以后，成为封建官学的龙头样板，在人才培养上功不可没，成就斐然，中国封建社会的许多官吏皆太学出身，他们有很高的文化素养和政策水平，很强的从政能力。

教化

在董仲舒看来，"专任刑法，不任德教"是秦朝灭亡的最根本的原因。

董仲舒很看重"教化"的作用，他认为，"道者所骤适于治之路也，仁义礼乐皆其具也。"而礼乐的作用，就在于它们对人民有"教化之功"，王者承天意以从事，主要亦在于"任德教而不任刑"。因为这个原因，圣王之继乱世，都要"复修教化而崇起之"，重视教化，这样良好的习俗才会形成，他们的后代也受先辈的影响，这样即可得到长治久安。秦朝之败，就在于它没有遵照圣王之教行事，而是相反，废德教而专任刑罚。汉继秦大乱之后，政府想治理好国家，但是总是有本多不如意的地方，这样的现状已经维持了七十余年了，也是由于没有更化秦朝任刑不任教化的政治。再者，他还认为，要行"王道"，必须求圣贤，有道德高尚的人辅德，贤能的人佐职，才能"教化大行，天下融洽，万民都各得其宜，遵循礼制。然而自汉立以来以至武帝，虽"思维往古，而务以求贤"，却"未云获者，士素不厉也"。

兴太学

董仲舒关于教育方面的改革表现在两个方面：①有关对全体国民的教育问题；②学校教育，主要是对封建官吏后备军的教育。前者是移风易俗，教民成性的问题。使人民明白人的天性，知自贵于物；知自贵于物，然后知仁谊；知仁谊，然后重礼节；重礼节，然后安处善；安处善，然后乐循理；乐循理，然后谓之君子。既"君子"矣，即不再"造反"，而民则可制矣。无疑，这正是董仲舒重德教化民的王道思想在教育领域的体现或贯彻。相对于秦朝治理社会的唯一法术严刑峻法，这无疑是在国民教育上的一种改革。后者，兴太学，即儒家经典中所说"大学"，也就是后来公孙弘等在元朔五年奏议中提出的为博士官设弟子。

《汉书·董仲舒传》中记录了董仲舒关于兴办太学方面的观点，他说：

> 夫不素养士而欲求贤，譬犹不琢玉而求文采也。故养士之大者，莫大乎太学；太学者，贤士之所关也，教化之本原也。今以一郡一国之众，对亡应书者，是王道往往而绝也。臣愿陛下兴太学，置明师，以养天下之士，数考问以尽其材，则英俊宜可得矣。

董仲舒所主张办的这种太学，既有招生名额、授业时间，又有最后的考察和任用标准，可见置博士及博士弟子，已完全具备了当今所谓学校的基本内涵，而且是全国的最高学府，是专门培养封建高级官吏的学校。这也正是董仲舒所说，限制，另一方面也与儒家的一贯学术传统有关。"兴太学，置明师，以养天下之士，数考问以尽其材，则英俊宜可得矣。"当然，通过考试，能否很快做官，并不是容易之事，特别是到东汉桓帝之时，只有通五经而且在考试中居高第者，方得补吏。然这终归为儒生提供了一条做官的途径。

教学内容

董仲舒在教学内容上，重视传授儒家经典，尤其重视《春秋》经的传授，他本人就是传《春秋公羊》学的著名学者。董仲舒对自然科学知识的传授是轻视的，更谈不上对实用技术等的学习了，这一方面是受当时生产力和科学技术的发展水平之限制。

在对儒家经典的特点和各经教育作用的概括上，董仲舒做了如下阐发，他说：

> 《诗》《书》序其志，《礼》《乐》纯其美，《易》《春秋》明其知。六经皆大而各有所长：《诗》道志，故长于质；《礼》制节，故长于文；《乐》咏德，故长于风；《书》著功，故长于事；《易》本天地，故长于数；《春秋》正是非，故长于治。

董仲舒提出"罢黜百家，独尊儒术"的文教政策，并把这一文教政策体现在教学内容的安排上，即教学内容以儒家经典为主，自此确立了儒家经典在学校教育内容中的统治地位。自西汉董仲舒始，学校授儒经，学生都是儒生，考试都是儒学的传统便确定而沿袭成习。自然科学和实用技术，以及其他各家学说则无一席之地，被打入冷宫。

教学方法

董仲舒对他所教授的弟子寄予了深切的希望。他把一生的大部分时间与精力都倾注到教育事业上，希望通过教育活动为汉王朝培养治国经邦的佐世之才。董仲舒在主张以儒家经典为主要传习内容，他个人亦在传授儒家经典的长期教育实践过程中，积极探索，总结出一套行之有效的教学方法，主要有以下几个方面：

1. 精通教技，注重实效。董仲舒有着"汉代孔子"的美誉。在多年从事教学实践活动的基础上，董仲舒从切身体会出发，强调做一位称职的教师必须懂得教育规律，精通教学艺术，尤其应该重视教学的实际效应，以充分发挥教育的"圣化"之功。

董仲舒在《春秋繁露·玉杯》中对教师应该具备的素质提出了全面要求，他说：

> 善为师者，既美其道，有（又）慎其行，齐时早晚，任多少，适疾徐，造而勿趋，稽而勿苦，省其所为，而成其所湛，故力不劳而身大成。此之谓圣化，吾取之。

董仲舒在教学过程中不孤立地阐述某一教学原则，而是注重多个教学原则的综合运用，注重教学的综合效应，注重教师对多个教学原则、教学方法的灵活、综合运用，这是符合教学过程的规律的，更是难能可贵的。

2. 多连博贯，约节反精。董仲舒是研究《春秋公羊》学的著名学者，他总结自己治《春秋公羊》学的宝贵经验，提出了"多连博贯，约节反精"的学习方法论。他说："为《春秋》者，得一端而多连之，凡一空（孔）而博贯之，则天下尽矣。"

何谓"多连"与"博贯"？所谓"多连"与"博贯"就是指读书时不要就事论事，画地为牢，而应开阔视野，拓宽思路，做到融会贯通，这对培养学生的逻辑思维能力是很有价值的见解。但"多连""博贯"必须反之于"一"。

董仲舒认为，知识面过宽和过窄（即"节"）都不利于智力的发展。"太节则知（智）陋，太博则业厌"，意思是说，知识面太窄，则孤陋寡闻，智能低下，所学过于博杂则学业不精，没有专长，只有博节适宜，才能收到"学与智长，化与心成"的效果。他反复强调"《春秋》之道博而要，详而反，一也。"一再提醒学生不要陷入繁杂的具体史实中而忽略了《春秋》大义，充分体现了经学家偏重微言大义的特点。

3. 强勉进取，持之以恒。强勉学问，则闻见博而知益明；强勉行道，则德日起而大有功。董仲舒强调无论是治学还是修身，都在个人的主观努力，要想学有所成，德有所长必须强勉进取，下持之以恒的功夫。

值得一提的是，董仲舒虽然相信天命鬼神，但是在谈到个人修身立业，治身修道上，却强调主观努力，"成事在人"，鼓励学生不断努力，积极进取。

4. 贱二贵一，虚静以求。所谓"贱二贵一"指的是学习的时候必须专心致志，注意力集中。董仲舒在《春秋繁露》中指出："目不能二视，耳不能二听，手不能二事。一手画方，一手画圆，莫能成。……故君子贱二而贵一。"强调学习必须精力集中，不能一心二用，这是符合现代心理学关于注意问题的基本规律的。

所谓"虚静以求"是指学者治学必须客观公正，实事求是，真实地体会经书的意旨和所学事物的实际情况，不可过于主观，不能先入为主，用自己的意思去体会圣人之言，去误解所要研习的对象。

总之，董仲舒这位著名的私学大师从个人的治学经验和教学实践经验出发，继承了先秦以来的教学思想，形成了自己的教学思想，其中的很多观点见解都是很有价值的。

王者之道，取象于天

董仲舒认为君王应该"法天而行""其法取象于天"。在董仲舒看来，人君的几乎一切行为都要与天相联系。

王道取法于天的前提是天子受命于天。天子受命于天，就像子受命于父一样，所以必须要尽人子之道，尊天，敬天，事天如父。21 君主治天下，也必须取法于天地，按照天意来行事，也就是以天道为君道，以天道为王道。

王者之道

何谓"王者之道"？在董仲舒看来，王者之道就是效法天地，按照天的意志来办事，以天之意为己之意。

那么，王者为何要取法于天呢？董仲舒对此有独特的理解：

1. 从"王"字的结构，这就是我们通常所说的"会意法"。董仲舒认为，王者就在于贯通天道、地道与人道，效法天地之道而用于人道，这也就是王道：唯天之施而施其时，法天之命而循诸人，法天之数以起事，治天之道而出法，治天之志归于仁。君王成为调节人与自然的中枢、社会治乱的决定性力量。董仲舒在《春秋繁露·王道通三》中的话可以证明他的这个思想。他说："古之造文者，三画而连其中，谓之王。三画者，天、地与人也，而连其中，通其道也。取天地与人之中以为贯而参通之，非王者孰能当是？故王者唯天之施，施其时而成之，法其命如循之诸人，法其数而以起事，治其道而以出法，治其志归之于仁。"

2. 作为君主只有按照天道办事，才能获得天下大治的效果。董仲舒在《春秋繁露·阴阳义》中说："以类合之，天人一也。春，喜气也，故生；秋，怒气也，故杀；夏，乐气也，故养；冬，哀气也，故藏。四者天人同有之。有其理而一用之。与天同者大治，与天异者大乱。故为人主之道，莫明于在身之与天同者而用之。"

值得一提的是，老子的哲学思想则认为，道是天地万物的宗祖，天地万物都是由道产生的，都从道那里获取自己的形体和性能，所以它们的本性和道是一致的，它们的行为都以道的法则为规范。那么，在老子看来，道的法则是什么？是自然，亦即自然而然，老子说："域中有四大，而居其一焉，人法地，地法天，天法道，道法自然。"当然，这里所说的"自然"，并不是一个实体，如后世将自然作为天地的代称，而是一种法则。一切事物皆须遵循自然法则行事，便成了无可异议的事情，因为道是宗祖，而天、地、人、物是子孙。宗祖效法自然，子孙亦须效法自然。有鉴于此，可以说"法自然"是老子学说的大纲。

这就是说，老子认为"道"比天还高一层，董仲舒则认为"天"已经是最高层次的了。

3. 天下治乱关系到君王的命运。英明的君主总是以天下治乱为己任。在封建社会里，君王的命令是至高无上的，是国家的盛衰之所系。

取象于天

实际上，董仲舒所推崇的是"帝制儒学"。他主张通过神秘主义的路径，以渲染"天人感应""灾异之变"的方式，来节制皇帝的行为。董仲舒在《春秋繁露·天地之行》中说："为人君者，其法取象于天"，《汉书·董仲舒传》中说："欲有所为，宜求其于天"。董仲舒还以灾异警诫君主。《汉书·董仲舒传》还说："刑罚不中则生邪气。邪气积于下，怨气蓄于上。上下不和则阴阳缪戾而妖孽生矣。"《春秋繁露·五行五事》中说：人君的"貌、言、视、听、思"五种行动如有不当，就会引起五行的变化和四季的失常。《春秋繁露·必仁且智》中说："灾常先至而异乃随之。灾者，天之谴也；异者，天之威也。谴之而不知，乃畏之以威。"从这一点而言，董仲舒主张的"帝制儒学"对于皇权专制主义有一定的节制作用。

贵神

所谓"贵神"，就是君主凡事不必亲躬，只须有效地控制、号令臣下去办理一切具体事务。他还特别强调"贵神"并不是放任臣下自流，不问国政，而是要求国君在制定好进退行止的大政方略之后赋予臣下的一种自主权。

在董仲舒的眼中"神者"虽然"视则不见其形影，听则不闻其声响"，但确实存在着。

董仲舒是很尊神的。他在《春秋繁露·立元神》中说："体国之道在于尊神，尊者所以奉其政也，神者所以就其化也。故不尊不畏，不神不化。夫欲为尊者在于任贤，欲为神者在于同心。贤者备股肱则君尊严而国安，同心相承则变化若神，莫见其所为而功德成，是谓尊神也。"

在这里，董仲舒显然是继承了孔子的"民可使由之，不可使知之"的思想，"民可使由之，不可使知之"的意思是：可以要老百姓跟着走，不一定要老百姓知道这是为什么。这样就有意地把人君之行予以神秘化，董仲舒作为封建地主阶级的思想家、理论家提出了这种"贵神"的理论，是不值得奇怪的，这是其阶级性的表现。

仁德

仁德思想也是董仲舒思想重要的组成部分之一。

董仲舒在答汉武帝的《天人策》中说：

> 臣闻天者群物之祖也，故遍覆包涵而无所殊；建日月风雨以和之，经阴阳寒暑以成之。故圣人法天而立道，亦博爱而亡私，布德施仁以厚之，设谊立礼以导之。春者天之所以生也，仁者君之所以爱也；夏者天之所以长也，德者君之所以养也；霜者天之所以杀也，刑者君之所以罚也。

这虽然是董仲舒对皇帝的溢美之辞，但却反映了董仲舒的"仁德"思想，他不但承袭了孔子的仁学，而且也继承了墨子的兼爱思想。董仲舒的"仁德"观点主要体现在以下几个方面：

1. 董仲舒在天道观上作了论证。董仲舒把天描述为能生发万物，有意志，能主宰人类命运的"神"，又特别赋予它以"仁"的道德属性，即"仁"乃天的意志所在，是天所具有的最高的道德准则，这就为儒家传统的仁义学说寻找到一个很好的论据，奠定了仁学宇宙观的基石。世上的一切无不是"天之仁心"的体现，"仁"贯通流注于自然界以及人类社会万事万物之中，成为宇宙间的根本法则。

2. 董仲舒提出的"以仁安人，以义正我"是对先秦到汉朝初期"仁义"思想的具体修改。董仲舒在《春秋繁露·仁义法》中说："君子求仁义之别，以纪人我之间，然后辨乎内外之分，而著于顺逆之处也。是故内治反理以正身，据礼以劝福；外治推恩以广施，宽制以容众"。这是董仲舒首次严格区分了仁与义的差别。

董仲舒把"爱人"的范围引申得颇为广远，已不再局限于"亲亲"的意义，而是要"爱人类"，以"厚远"为要点。

关于"义"，董仲舒指出义就是以标准尺度、伦理准则规范自己的行为，纠正自己的行为，而非以规范、纠正别人为归的，与此相反则不能称"义"，董仲舒在《春秋繁露·仁义法》中说："夫我无之求诸人，我有之而谤诸人，人之所不能受也。其理逆矣，何可谓义？"这是一种克己、律己的修养功夫。换言之，"义"就是要"自攻其恶""躬自厚而薄责于人。"

合"仁""义"于一体，董仲舒强调对于仁义的差别应该严格区分，不容丝毫混淆，一旦颠倒，或者张冠李戴，在处理人际关系甚或治理国家治政中用错了法则，就会导致伦理道德及社会秩序的混乱，小者风俗大坏，重者亡国在即。在董仲舒看来，"仁义"二理不仅仅是个人品德修养的原则，更关系到国家政治的治乱兴衰。

3. 董仲舒主张的是以仁义教化为主、以刑罚成势为辅的仁德思想，他认为治政的根本与核心是仁义教化，刑罚威势也不可荒废，然只能作辅佐之用，他强调这是合乎天道的。

董仲舒认为，力行仁德则必须坚持"民本"思想，重民思想构成董仲舒仁德思想的重要组成部分。他继承发挥了前代儒家的重民思想，并在《春秋繁露·仁义法》中提出："天之生民非为王也，而天之王以为民也。故其德足以安乐民者，天予之；其恶足以贼害民者，天夺之。"在精神实质上是坚持了孟子"民为贵"的观点。

行无为之道

董仲舒主张"行无为之道"，难道他信奉道家？当然不是！董仲舒只是黄老的"无为"思想，有机地糅合到其儒学体系中，以之阐论治国之道、君臣之道、君王政术，力倡君道无为，臣道无为。实际上，黄老之学中所谓的"清静无为"并非一切不管，放任自流，而是要求在统治秩序已定前提下的清静无为，君道无为立足于臣道有为，上层统治者的无为而治是以各级官吏循名责实、各自有为为基础的。

董仲舒在《春秋繁露·离合根》中说：

> 天高其位而下其施，藏其形而见其光。高其位，所以为尊也；下其施，所以为仁也；藏其形，所以为神；见其光，所以为明。故位尊而施仁，藏神而见光者，天之行也。故为人主者，法天之行。是故内深藏，所以为神；外博观，所以为明也；任群贤，所以为受成；乃不自劳于事，所以为尊也；泛爱群生，

不以喜怒赏罚，所以为仁也。故为人主者，以无为为道，以不私为宝。立无为之位而乘备具之官，足不自动而相者导进，口不自言而摈者赞辞，心不自虑而群臣效当，故莫见其为之而功成矣。此人主所以法天之行也。

这可以说是董仲舒"无为"思想的总纲了。董仲舒的"法天而行无为之道"表现在以下几个方面：

1. 董仲舒从天道的层面上提出了"君道无为"的统治思想。他强调人主法天之行，他认为"无为"原则实际上就是天道在人间的落实，从天道的本原上强调君主施无为之治的重要性。董仲舒认为无为而治是理国之根本。他在《春秋繁露·保位权》中说："为人君者居无为之位，行不言之教，寂而无声，静而无形，执一无端，为国源泉"，他在《春秋繁露·立元神》中亦说："故居倡之位而不行倡之势，不居和之职而以和为德，常尽其下，故能为之上也"。

2. "贵神"与"执权"是君道无为不可或缺的两个方面。董仲舒强调为人君者，其要贵"神"，这是君道无为原则的核心及本质。

董仲舒还把老子"不争"之德等权术谋略思想运用于无为原则，并把阴阳天道与这种权术思想密切地结合起来，董仲舒在《春秋繁露·立元神》中说："君贵居冥而明其位，处阴而向阳。恶人见其情而欲知人之心，是故为人君者执无源之虑，行无端之事，以不求夺，以不问问。"

3. 臣道有为。董仲舒强调臣道有为与君道无为是相辅相成的，君主"足不自动""口不自言""心不自虑"而一切受成，都是因为"乘备具之官"，君王的"无为而治"实际对臣道有为提出了很高的标准和要求。他认为，人君必须集众贤以用群智，因其能而任百官，方可达成无为而治的境界。人臣之道取象于地，既要能够以诚信示君，尽心竭力辅佐君王，勤勉于事，又要做到不居功自傲，将仁德之名归于居无为之位的君主。君道无为实际上正是建立在臣道有为的基础上，臣子的贤能德才直接决定了君道无为原则能否实现。

德教为主，刑罚为辅

"德主刑辅"是孔子法律思想的核心内容，"德主刑辅"的含义是：在治国方式上，应以德教为主，以刑法为辅。汉代的董仲舒发展了孔子的"德主刑辅"思想，他以天人感应说为德主刑辅的哲学基础，以阴阳五行相辅相成之理，来论证德主刑辅符合天道运行的规律。这种"重教化，轻刑罚"的思想自汉以后，成为历代封建王朝的治国实践与立法实践的指南。

自汉武帝"罢黜百家，独尊儒术"之后，汉朝的道德的法律化一方面表现为把符合儒家原则的通过法律表现出来；另一方面表现为董仲舒的"春秋绝狱"，即在司法中引经绝狱。

教化

董仲舒主张以德教为主，兴办学校，提倡儒家教育，把犯罪苗头从心理上消灭掉。而刑罚只是辅助之作用，而不像秦朝统治以刑罚多、刑罚重，一味强调"刑以杀为威"，并且以刑罚作为目的而忽视教育的作用，这在立法指导思想上吸取了秦朝残酷统治的历史教训，结合西汉初年统治阶层无为而治的统治思想，取其中间位置的德主而刑辅，即不单纯采取法家单纯的苛刑重典不近人情的惩罚目的学说，又不单纯的以教育为唯一方式，而是采取了儒家所谓中庸之说有主有辅。这是董仲舒的法律思想。

教化，原本就是人类社会所独有的事务。但是，为了强调教化的神圣性和必要性，董仲舒也想把其他王道的内容归之于天那样，同样把教化与天的四时进行了类比，董仲舒在《春秋繁露·为人者天》中说："天地之数，不能独以寒暑成岁，必有春夏秋冬；圣人之道，不能独以威势成政，必有教化。"在这里董仲舒把教化与威势（刑罚）的根源归于了天地之数。这样就和董仲舒主张的君王要"取法于天"的思想结合起来了。

关于教化的作用，《汉书·董仲舒传》里面记录了董仲舒对于这方面的阐述：

凡以教化不立而万民不正也。夫万民之从利也，如水之走下，不以教化堤防之，不能止也。是故，教化立而奸邪皆止者，其堤防完也；教化废而奸邪并出，刑罚不能胜者，其堤防坏也。

这段话的主要意思是说：水流向下而不以河堤来堵防，则水流就不能停止。百姓有趋利的心理，如果不施以教化，也不可能阻止。教化是防止百姓趋利而不可得止的堤防。所以如果教化兴盛的话，奸邪就会消失；教化荒废了，奸邪就会死灰复燃。所以王者"南面而治天下，莫不以教化为大务"。可见，教化是王者治天下所必从事的"大务"。

教化为什么是为政之本呢？董仲舒认为，人君治理国家，最根本的是"崇本"。董仲舒在《春秋繁露·为人者天》中说："何谓本？曰：天、地、人，万物之本。天生之，地养之，人成之。天生之以孝悌，地养之以衣食，人成之以礼乐。三者相为手足，合以成体，不可一无也"。意思是说：无孝悌则无以生，无衣食则无以养，无礼乐则无以成。如果"孝悌""衣食""礼乐"都没有了，那么百姓就会和麋鹿一样，随着自己的性子，每家都会有一种习俗，父亲不能叫唤儿子，君王不能叫唤臣子，虽有城郭，实际上是虚设的城邑。如果这样的话，那么君王就危险了。这就叫做"自然之罚"。自然之罚至，则无所逃也。据此董仲舒在《春秋繁露·立元神》中指出：

明主贤君必于其信，是故肃慎三本。郊祀致敬，共事祖祢，举显孝悌，表异孝行所以奉天本也。秉耒躬耕，采桑亲蚕，垦草殖谷，开辟以足衣食，所以奉地本也。立辟雍庠序，修孝悌敬让，明以教化，感以礼乐，所以奉人本也。三者皆奉，则民如子弟，不敢自专，邦如父母，不待恩而爱，不须严而使，虽野居露宿，厚于官室。如是者其君安枕而卧，莫之助而自强，莫之绥而自安，是谓自然之赏。自然之赏至，虽退让委国而去，百姓强负其子随而君之，君亦不得离也。故以德为国者，甘于饴蜜，固于胶漆，是以圣贤勉而崇本而不敢失也。

王教是为政之本，它也是治国所崇尚的"三本"（天、地、人）中人本的重要内容。所以，董仲舒认为君主对百姓施以教化，形成淳朴的民风，这样国家就会昌盛，才会立于不败之地。一旦抛却了教化，小则国运不昌，大则丧失天下。

治国之道，积贤为要

关于选贤任能，董仲舒的观点是："以所任贤，谓之主尊国安；所任非其人，谓之主卑国危"。意思是说：合适的人在合适的位置上，则君主受到尊敬，国家安定；如果没有将合适的人放在合适的位置上，君主就得不到尊重，国家就危险了。

为了说明任贤与否对国家兴亡安危的作用，董仲舒还列举了正反两个方面的例子。

一个是齐桓公看重了管仲的才能，任命管仲为国相，五年后，齐国与鲁国结盟于柯（地名），见其大信，于是，一年后近国的国君宋公、陈侯、卫侯、郑伯等都要和齐结盟，会于鄄（地名）、幽（地名）；此后又经多年垒德修善，特别是伐山戎，救邢、卫，"见存亡继绝之义"，于是，距离齐国较远的国家的君主如宋公、江人、黄人都来了，与齐国结盟于贯泽（地名）、阳谷，终成霸业。

另一个例子是，鲁值公靠篡位取得君主的地位，但他知道知任的重要性，他重任贤者季子。季子无病之时，内无臣下之乱，外无诸侯的侵犯之患，二十年间，国家平安无事。季子一死，鲁就不能支撑邻国之来犯，直至乞求于楚师。值公的此种情况非不肖者而致使国家衰微下来，那么这是怎么回事呢？是因为"无季子也"，即没有了贤者季子的辅佐。

可见，能否任用贤臣乃是关乎国家成败、兴亡的大事。

览名责实

在任贤使能、量材授官方面，董仲舒主张用"览名责实"的考绩的方法。

何谓"览名责实"？"览名责实"就是对臣下有一个品格及普遍背景的全面考察，据"实"赏罚的意思。

董仲舒认为"览名责实"形成制度实为帝王治政之要术，他在《春秋繁露·立元神》中说："累日积久，何功不成。可以内参外，可以小占大，必知其实，是谓开阖。"同时，他又强调对臣下为政业绩的具体考查，拿董仲舒的话说，就是："考绩细险，计事除废；览名责实，不得虚言。有功者赏，有罪者罚；功盛者赏显，罪多者罚重"。他主张把循名责实的重点放在"实"的方面，以实际事功定赏罚贤愚，他在《春秋繁露·考功名》中说："不能致功，虽有贤名，不予之赏；官职不废，虽有愚名，不加之罚。赏罚用于实，不用于名；贤愚在于质，不在于文"，他强调唯有做到览名考质，才能真正收到臣道有为的效果，在《春秋繁露·考功名》中他亦说："故是非不能混，喜怒不能倾，奸轨不能弄，万物各得其冥，则百官劝职，争进其功"，这样做的目的是什么呢？对此他在《春秋繁露·保位权》中给出了回答："是以群臣分职而治，各敬而事，争进其功"。

历史的经验

董仲舒提出"积众贤"的主张并不是自己凭空想象出来的，他是建立在总结历史经验基础上提出这个主张的。以尧为例，尧受命，胸怀天下，以天下为忧，而没有以得到君王的宝座为乐，所以乱臣被杀死或者被驱逐，寻求贤圣，得到了舜、禹、稷、卨、咎繇等贤德之人。众圣辅德，贤能佐职，教化大行，天下融洽，百姓安居乐业，各得其乐，按"礼"行事，做到了尽美尽善，天下太平。

然而到殷纣的时候就不同了，他逆天暴物，屠杀贤知，残害百姓。伯夷、太公等皆为当世之贤士，却隐处不肯为臣。以至当时忠于职守的人，也都各自为了保命而逃亡，有的跳入水中自尽。天下混乱，百姓的生活不安定。所以，天下丢弃了殷而顺从了周。文王则顺天应人，任用贤圣，于是闳夭、大颠、散宜生等聚于朝廷，大公也即三公之位，广施仁爱，于是天下人都乐意归附他。

如何积贤

君王如何积贤呢？董仲舒从君王的行为、态度和国家制度等方面作了说明。他在《春秋繁露·通国身》中说：

夫欲致精者，必虚静其形；欲置贤者，必卑谦其身。形静致虚者，精气之所趣也；谦尊自卑者，仁贤之所事也。故治身者务执虚静以致精，治国者务尽卑谦以致贤。

这段话的意思是说：皇帝要想广纳贤才，就必须卑谦其身，礼贤下士，待人以诚。这样，天下之英贤，才能云集于其周围，帮助皇帝取天下和治天下。这就是"满招损，谦受益"和"得人者有天下"的道理吧。

第五章 董仲舒独特的认识论

董仲舒的认识论，是建立在神学唯心主义哲学体系上的。他提出"认识论"是为其"天人感应"的神学目的论服务的。在董仲舒看来，人类、宇宙万物及其变化都是天意的安排，所以，人的认识也就是对天意的认识，只要认真考察自然现象，或通过内心自省，就不难体会到天意。董仲舒认为"名"反映的不是事物，而是天意，它是由圣人发现的，并赋予事物以名。《深察名号》中说："事各顺于名，名各顺于天"，即天的意志决定人的认识，人的认识决定万事万物，完全颠倒了名与实、主观与客观的关系，是一条唯心主义的认识路线。

尊天之道，法天立道

董仲舒是一个自然神论者，他并不否定客观存在的物质世界，也承认客观物质世界的存在；但他作为客观唯心主义者，他又认为客观的物质世界自身体现着神圣性。正是因此，董仲舒的认识论既不同于抹煞认识主客体之分及认识外物任务的主观唯心主义的认识论，而是明确区分了认识主体与客体及人们的认识活动，也不同于主张反映世界本来面貌的唯物主义认识论，而是力图把人们的认识引向所谓神秘的本体——天。

在董仲舒看来，"天"是有形的，它有十端，由此表明了它的物质性；同时"天"又是具有封建人伦性的"百神之大君"，这表明了它的神圣性。正是在此基础上，董仲舒的"天人合一"思想正是在此基础上提出的。他认为，王者"受命于天"，因而须"尊天之道"，缘此又提出了圣人"法天而立道"的思想。既如此，与荀子的"不求知天"相反，董仲舒主张："夫王者不可以不知天。"

董仲舒是通过知天的认识活动，观天志，体天道，立人道。可以这样说，他的认识论可以说主要就是围绕着这个轴心展开的。

认识主体

认识是有主体的。哲学告诉我们，认识主体是认识系统中的首要因素，对认识系统的形成及其诸要素的结合方式起着决定作用。在认识系统中，它最具有自主性和能动性，担负着使实在客体向观念转化的任务。认识主体具有复杂的社会构成形式，是个人与社会的有机统一。认识主体作为一个执行认识功能的系统，是知、情、意相统一的有机整体，人的各种意识要素都会直接或间接地参与认识活动，并对认识的形成与发展产生影响。主体的现实的认识结构直接担负认识功能，它是在主体先行活动的基础上建立的，一旦建立就成为相对固定的框架或模式，构成人从事认识活动的一种前提张力和准备状态。人的认识活动总是表现为把原有的认知模式延伸并运用于将要认识的客体。认识结构不同，对客体的理解就会出现差异。在人的意识中，还有各种非理性的心理因素。

那么董仲舒的认识主体又是什么呢？

董仲舒说的"目不视弗见，心弗论不得"和"夫泰山之为大也，弗察弗见"，这两句话显然都是相对于认识主体来说的。这两句话包含的主体范围是很广的，它既包含封建社会的上层统治者，又包含一般被统治的老百姓。不过，要是谈到"观天意""体天道"，董仲舒所说认识主体主要指的是"君子""王者""圣人"这些统治阶级的上层人物。在古代，"君子"一般是指有高尚的道德和修养的人，它包括但不是专指最上层的极少数统治者。"王者"和"圣人"则确确实实指的就是极少数最高统治者了。他之所以强调"王者"和"圣人"为知天的主体，这是因为在他看来，只有这些王者和圣人才能"体天之道""观天之志"，以建立王道，至于一般人或老百姓，则只是"待教而善"的被动的接受主体，即所谓被教化者或芸芸众生。这些被动的接受主体，只可知物理，而不能发明天意。发明天意者只能是王者或圣人，一般人则只能在圣人或王者的教化下认识或接受天意。在这一点上董仲舒划分得很严格，这是董仲舒封建等级思想在认识论上的表现。

认知客体

何谓认知客体？

认知客体是指进入人的认识活动中，被主体的观念把握活动所指向的客观对象。认识客体具有对象性。客观事物能成为主体的认识对象，取决于两方面因素，一方面，主体对客体的需要和把握客体的能力；另一方面，客体对主体的功用性和可知性。认识客体具有客观性，它们都是主体思想意识之外的客观存在。认识客体还具有社会历史性，随着人类实践与认识活动的扩大与加深，认识的客体系统是不断发展和日趋复杂的。认识客体是人的全部认识的基本前提，主体在认识客体时，如果没有客体信息的输入，就不可能产生认识；如果客体的本质和规律"暴露"得不够充分，那么就会影响到主体认识的全面性和深刻性。

那么，董仲舒的认知客体具体是指什么呢？

在理论上，董仲舒将认知客体划分为两类：

1. 直接感知的对象。按照董仲舒的宇宙图式，它包括两个方面：一方面是具有十端的"天"外之"物"，另一方面即是具有十端的"天"的实体内容——天地、阴阳、五行等。

2. 间接认识的对象。间接认识客体即是作为"百神之大君"的"天"及"天意""天志""天道"。唯物主义的认识论与自然神论的认识论的真正区别就在于：唯物主义者坚持按照事物的本来面貌认识事物，面自然神论者则要通过认识"发现"客观事物的神圣性；而自然神论的认识论区别于人格神论的认识论之所在，它不认为在自然之天外另有一个超自然的天神存在，因而不是把人们的认识引向超自然的天神。因此关于上述的分歧，前者把本来是自然神论的认识论看作为朴素唯物主义的认识论，这就从根本上错了；后者则把人格神论的认识论错误地归到董仲舒所主张的自然神论的认识论身上，这就完全抹煞了其对客观外界事物认识的合理内容。

认知活动

我们知道，在先秦后期，墨家、庄子、公孙龙子等都对感觉器官的作用作了区分，而孟子也提出了"心之官则思"的观点，但没有更为详细的论述。荀子在解决理性与感性的关系上有所前进，提出了心"治五官"和"当薄其类"的思想，但在"思"上亦未能前进，而董仲舒提出的"论"，应该说是对"思"的阐述和拓展。

值得一提的是，通过视、嚼等所辨、察的直接对象乃是包含十端的物质之"天"及天外之"物"，这显然都不是超自然的，但其所要论的却是超自然的神圣性，即具有人类情感和意志的神圣的天意或天志。

辨物之理，名生于真

董仲舒说："君子察物之异，以求天意，大可见矣"，可见，董仲舒认识论的根本点和归宿，则是通过辨物理，以观天意，即归于自然神论的客观唯心主义的认识论。

名实关系

名、实关系是先秦时代百家争鸣的一项重要内容。

墨子的认识论认为实先名后。墨子在《墨经》中，首先提出用"物"这个范畴来标志认识活动的对象，揭示了外部世界的客观实在性，墨子坚持外部世界、自然万物的客观实在性是墨子认识活动的基础。《论语》全书有54个关于自然现象的材料，但没有一个是为描述、分析、研究自然之物本身而发。所以，孔子仍是将自然和社会用一种人为的感应联系相类比，从认识论的角度看，认识对象仍是模糊不清。自然之物没能成为认识的独立对象，不可能从物体的时空存在方式，物体的属性，物体的质和量，同一和差异等方面将认识对象进一步确定和分析。到战国中期，名实关系愈加混乱，公孙龙子专作了《名实论》，从唯物主义的观点出发，提出了"名，实谓也"的思想，认为名实必须相当，不当则"乱也"，因此主张名必须随实的变化而变化。

董仲舒的名论汲取了先秦名辩家思想中的唯物主义成分，但他却不是真正的唯物主义者，他却是一个自然神论者。董仲舒在谈到名与实的关系时说："名生于真，非其真弗以为名。名者，圣人所以真物也。名之为言真也。"从这一点来讲，董仲舒的认识论是带有一点朴素唯物主义色彩的。

但后来他董仲舒提出的通过"辨物理"来"观天意"，以论证其自然神论的宇宙观，显然再不能说是"名物如其真"了，而是变成了"名物如其神"。这样一来，他的认识也就从朴素唯物主义就改变了方向，从而滑向了自然神论的客观唯心主义的认识论。应该说这同他在本体论或宇宙观上的观点是一致的：当他的论述仅限于包含十端的自然之天时，俨然是一个朴素唯物主义者，可是他并未就止此步，而是进一步将自然之天神化，这样便滑入了自然神论。

通过"辨物理""以观天意"是董仲舒认识论的根本点和归宿，即归于自然神论的客观唯心主义的认识论。董仲舒在《春秋繁露·深察名号》中说：

> 古之圣人，而效天地谓之号，鸣而施命谓之名。名之为言鸣与命也，号之为言而效也。而效天地者为号，鸣而命者为名。名号异声而同本，皆名号而达天意者也。天不言，使圣人发其意；弗为，使人行其中。名则圣人所发天意，不可不深观也。

> 从上述这段话来看，人们已完全找不到"名物如其真"的影子了，名号已完全变成了圣人用以发明天意的工具。名之为言鸣与命，号之为言而效，"名号异声而同本，皆名号而达天意者也"。

天子之"名"

董仲舒在《春秋繁露·深察名号》中说："受命之君，无意之所予也。故号为天子者，宜事天如父，事天以孝道也。"这句话的大概意思是说，之所以称国君为"天子"者，是因为国君"受命"于天。当然，既号为"天子"，理所当然地要事天如事自己的父亲，对天尽人子之道。在另一些地方他还讲天子者，"则天之子也"，认为天子应法天而立道，按照天意行事。

董仲舒的以引名来观名实之离合，审是非的方法，在名实混乱的情况下，应该说也是有合理的地方，例如"循名责实"即是其一，因而不宜全盘否定。不过，在总体上看，以引名审是非，决嫌疑，董仲舒完全是以圣人作标准。董仲舒在《春秋繁露·深察名号》中也说过：

> 治天下之端，在审辨大；辨大之端，在深察名号。名者，大理之首章也。录其首章之意，以窥其中之事，则是非可知，逆顺自著，其几通于天地矣。是非之正，取之逆顺；逆顺之正，取之名号；名号之正，取之天地。天地为名号之大义也。

"名生于真"，是以事物之真作为第一性，名为第二性，由真决定名；而名"发天意"，天意是第一性，名是第二性，而事之逆顺、是非放到了更加从属的地位，这就把名实关系完全倒转了过来。

董仲舒以"名号"作为"审是非"的标准，还与"圣人所发天意"联系起来，甚至直接以圣人作标准，这就给名的标准披上了一层圣光，使之具有了神圣性、先验性。显然这正是前面我们已提到的打上封建烙印的圣人标准。

但是，名号不能作为审是非的标准，尤其不能作为最终的标准和依据，还因为名要反映事物的义理和真实情况，归根结底取决于社会实践对事物义理的揭示。因此，所谓"莫如"引名，根本错误就在于把名看成最终的标准和依据。其实，最终的标准只能是社会实践。

审察得失，辨别是非

董仲舒的认识论，除了"名论"外，还有一个与"名论"相提并论的辞指论。

董仲舒在《春秋繁露·精华》中说："《春秋》之为学也，道往而明来者也。然而其辞体天之微，故难知也。弗能察，寂若无；能察之，无物不去。"为什么是这样呢？这是因为《春秋》"理百物，辨品类，别嫌微，修本末者"，且"记天下之得失，而见所以然之故，甚幽而明"，然而《春秋》之道，"有常有变""有经有权"，所以要想"大小不逾等，贵贱如其伦"，《春秋》里面用的语言也很谨慎而准确："《春秋》慎辞，谨于名伦等物者也"。就是在这个基础上，董仲舒便提出了"考意""观指"的问题。

董仲舒所说的"指"，是由文字所表达的意义，以指向文字所不能表达的意义。由文字所能表达的意义，大概不出《公羊传》的范围。文字所不能表达的"指"，则突破了《公羊传》的范围，而为仲舒所独到见解，这便形成了他的《春秋》学的特色。由此表明，在董仲舒独具特色的"春秋学"中确实包含着一个非常重大的认识论问题，此即辞指论。所谓"辞"，即文字、名词、概念、命题、定义等；所谓"指"，即意旨、精神、实质、思想、内涵等。董仲舒在《春秋繁露》中揭示了《春秋》的多种用辞方式，如"正辞"与"诡辞""常辞"与"变辞"，及"见其指"而"不任其辞"者，并通过这诸种"辞"，揭示了其中所含之"指"。从他所揭示的这些"辞"与"指"的关系中可以发现，它们与后来魏晋时代的"言"与"意"的关系非常相似，甚至可以说开了"言意之辨"的先河，其中不乏至今看来仍然合理的因素，很值得探索。

变辞

董仲舒在《春秋繁露·竹林》中说：

> 《春秋》之常辞也，不予夷狄而予中国为礼。至郯之战，偏然反之，何也？曰：《春秋》无通辞，从变而移。今晋变而为夷狄，楚变而为君子，故移其辞，以从其事。

在这里董仲舒提出了"无通辞，但有常辞、变辞之别"的观点。按《春秋》的通常说法，只有中原之国通行礼义，四周的夷狄则全无礼义可言。这是因为在儒者看来，中原之国文化发达，讲求礼节，因而被称为礼义之邦或君子之国，而四周夷狄则文化非常落后，没有礼节，所以常被称为蛮夷。当时晋属中原，而楚属夷。但在鲁宣公十二年发生了晋楚郯之战之后，情况发生了变化，楚夷一变而为君子之国，中原之晋却一变而成为不懂礼义的夷狄之邦。

事情的原委与经过如下：楚庄王讨伐郑国，破城后郑国的国君请求投降，表示臣服，楚国的将领不允许，楚庄王则说服诸将，"许之平"，并退军三十里，这样便避免了对城中百姓的杀戮。董仲舒对此举很赞赏，认为"庄王之舍郑，有可贵之美"。然而前来救郑而迟到的晋军，虽见救已解，为了保住晋国霸主地位，仍要向楚军挑战，结果是丧师而逃。对晋军之举，董仲舒以为"无善善之心，而轻救民之意也，是以贱之，而不使得与贤者为礼。"晋、楚两国的行为相较表明，楚国虽属夷狄，但重仁德，讲礼义，而晋军之统帅却相反，不讲仁德和礼义。这样便发生了开始所说的那种变化。从而使《春秋》通常所说的"不予夷狄而予中国为礼"的"常辞"有了改变，即使夷狄之楚与中国之晋发生了易位。

还有一个事例，说的是这样的一个事情：

鲁宣公十五年，楚国的军队包围了宋国，但楚国粮草不足，只有七日之粮，如不能取胜大军就会退去。于是派司马子反窥视宋国城中的情况，恰巧宋华元出城，二人相见，子反问楚国的情况如何，华元告诉他说楚军已经疲惫不堪，并说见他是君子才以实相告。子反亦告之"吾军亦有七日之粮尔，尽此不胜，将去而归尔"。说罢各自归去。子反告知楚王宋城的实情，楚庄王非常高兴，决定先攻取宋国，然后回师。但子反又告知楚王，他已把楚军只有七日粮的情况也告诉了对方，并"请归尔"。楚庄王无奈，只好归楚。对这件事，董仲舒以为按照常辞，这叫"内专政""外擅名"。而专政则轻君，擅名则不臣，这是《春秋》所讥贬的行为。可是《春秋》对子反的行为却"大之"。董仲舒从以下三个方面说明了这个变辞的正确。

1. 《春秋》对于"有惨怛之恩，不忍饿一国之民，使之相食，推恩者远之而大，为仁者自然而美"。司马子反此举，正是出于己之心，矜宋之民，"故大之"。

2. 对此还有一种常辞，叫做"卿不忧诸侯，政不在大夫"。现在，子反身为楚臣而恤宋民，是忧诸侯；又不告知楚王即自作主张与宋平，则是政在大夫，且夺君之尊，照此亦不应"大之"，而《春秋》"大之"，似与理不合。

董仲舒认为："《春秋》之道，固有常有变，变用于变，常用于常，各止其科，非相妨也。今诸子所称，皆天下之常，雷同之义也。"这就是说，上述的说法都是常辞，而未见此乃情况有变，不得已而为之，"夫目惊而体失其容，心惊而事有所忘，人之情也。"因此，遇有此种情况，就不能局限于常辞了，所以他接着说"通于惊之情者，取其一美，不尽其失。"对司马子反之行亦应如是观。子反往视宋，闻人相食，大惊而哀之，意想不到竟至如此，"是以心骇且动而违常礼"，当然就是合理的。再从仁与礼、质与文的关系来说，董仲舒认为，"礼者，庶于仁；文，质而成体者也"。这就是说，在董仲舒看来，仁是重于礼或高于礼的；文，则是在有质而后使之成体者。通常所说"当仁不让"，就是这个道理。

也正是根据这个，董仲舒认为："今使人相食，大失其仁，安著其礼；方救其质，奚恤其文"。在总结以上三层意思的基础上，董仲舒指出："故说《春秋》者，无以平定之常义，疑变故之大义，则几可谕矣。"

这两个例子恰能说明：常辞用于常义，变辞用于变义，两者并不互相否定。因此不可以平常之义来怀疑变辞所包含的大义。

诡辞

何谓"诡辞"？《春秋》的变辞有多种多样，其中，有为君讳者，有为贤者讳者，还有为亲者讳者，对这些讳辞董仲舒又称其为"诡辞"。董仲舒有时又把诡辞称为"婉辞"。

何谓"正辞"？与诡辞相对的，就是"正辞"。所谓"正辞"，即堂堂正正之辞，因而与常辞相通；"诡辞"则显然是一种委曲、婉转之辞。

董仲舒所揭示《春秋》的"诡辞"，最突出的是齐灭纪这件事。

这件事的原委是这样的：齐襄公为复九世祖之仇，下决心要灭掉纪国。纪侯知自己无力抵御，就派弟弟纪季到齐国去献部地，请求立宗庙，以使先君有所依归，并说："我宗庙之主，不可以不死也。"于是率一国之众，拼死卫国，"上下同心，而俱死之"。然而，《春秋》"经"却不是照此如实记载的，而是在庄公三年载："秋，纪季以酅人于齐。"庄公四年又载："纪侯大去其国"。为何这样记载呢？照仲舒所说："此皆诡辞，不可不察。"

关于《春秋》的"诡"，董仲舒在《春秋繁露·精华》中明确说："《春秋》之书事时，诡其实以有避也；其书人时，易其名以有讳也。"此"经"何所避，又讳其谁呢，以纪季献酅地来说，其实本乃受命于君，而现在却完全委过于纪季。这显然就避免了纪侯的责任。按照公羊传的说法，之所以将献酅地托于纪季，乃是因纪季是一个贤明的人。

但董仲舒对此另有一解。按照《春秋》之法："大夫不得用地""公子无去国之义""君子不避外难"。纪季则"犯此三者"，为什么又说他贤呢？董仲舒认为，上述三者都是贤者所不为的，故"托贤于纪季，以见季之弗为也"。既然是"纪季弗为"，那就是"纪侯使之"了，这就"可知矣"。可见，"之书纪季"，乃是一种诡辞。为什么这里要用"诡辞"，而不书"纪侯使之"呢？这是因为"纪侯《春秋》之所贵也"。纪侯的难得之处在哪里呢？纪侯自知无力抵抗齐国的复仇，仍要拼死抵抗，表现了"国灭君死"的顽强不屈的精神，这是《春秋》所赞扬的。所以假托纪季来"诡其服罪之辞"。庄公四年的"纪侯大去其国"也是一种诡辞，而且是具有双重意义的诡辞。一方面它表现了《春秋》的"贤死义，且得众心"，是纪侯"讳灭"的精神；另一方面，也为齐侯灭纪国的真正原因作掩饰。因为灭纪国的人是齐襄公。而齐襄公灭纪国乃出于为远祖复仇之心。《春秋》贵为国复仇者，这是《春秋公羊传》已说明了的。

董仲舒认为，为齐灭纪之"诡其实""易其名"以有避讳的诡辞，在《春秋》之中是很多的。董仲舒在《春秋繁露·精华》中说：

> 故诡晋文得志之实，以代讳避致王也；诡莒子号谓之人，避隐公也；易庆父之名谓之仲孙；变盛谓之成，讳大恶也。

这里说了四件事：

1. 晋文公霸天下的时候，曾两次召见周天子。《春秋》对这种不尊重周天子的行为非常是持反对态度的，所以鲁僖公二十八年载："天王狩于河阳。"即是以天王在河阳狩猎，而讳晋文之"致"天子。

2. 鲁隐公与莒子结盟，不称莒子而称"莒人"，此是为避隐公的讳。原来诸侯均不肯与隐公结盟，隐公却反从莒子结盟，此处称"莒人"，就在于使世人不怀疑鲁隐公与莒子盟的真正目的。

3. 闵公元年载："冬，齐仲孙来"之事。据《传》所说，齐本无仲孙，其书

"齐仲孙"实指"公子庆父"。称庆父为"齐仲孙"，是为了系之于齐，"外之也"。何以"外之"？《春秋》常为尊者讳，为亲者讳，为贤者讳。公子庆父乃庄公庶兄。书"齐仲孙"显系为亲者讳。为什么"讳"？避讳是为了隐藏他弑二君的大罪过。

4. 庄公八年"经"所载："夏，师及齐师围成，成降于齐师。"这里的"成"即"盛"。"盛"字变成"成"字，因鲁、盛为同姓。《春秋》"讳灭同姓""盛"字变成"成"即是为了避这个讳。下文所书"降于齐师"，不书"降于鲁师"，也是为了"讳灭同姓"。

在《精华》篇董仲舒还讲到一个晋"里克杀奚齐"的避正辞而称"君之子"的诡辞。这里又是为何用诡辞呢？董仲舒说："骊姬一谋而三君死之，天下所共痛也。本其所为，为之者蔽于所欲得位而不见其难也，《春秋》疾其所蔽，故去其正辞，徒言君之子而已。"原来在《春秋》中有一个规则，就是继位之君不到一年，只能称"子"，不得称国君，这是"正辞"或常辞。这里，晋里克杀奚齐却称"杀其君之子"，这显然是避正辞的诡辞。之所以用诡辞，只因施此计谋的人一心只想到自己的儿子可以得到王位，没有顾及有此严重后果，以至一计连杀了三位国君，致使国人都为之感到无比痛心。可见，这里所用诡辞，既不是为尊者讳，也不是为亲者讳或为贤者讳，完全是为了表示对这种不顾后果而造成的悲惨结局表示谴责之意。

无类类比，循名得理

"无类类比"和"循名得理"是董仲舒认识论的两种最突出、最重要的认识方法。

类比是将一类事物的某些相同方面进行比较，以另一事物的正确或谬误证明这一事物的正确或谬误。这是运用类比推理形式进行论证的一种方法。

举个例子，在我们学习一些十分抽象地看不见、摸不着的物理量时，因为不容易理解，我们就拿出一个大家能看见的且与之很相似的量来进行对照学习。如电流的形成和电压的作用是通过以熟悉的水流的形成和水压是水管中形成了水流进行类比，从而得出电压是形成电流的原因的结论。

"循名得理"就是从事物的名称来演绎出对事物的理解。

无类类比

类比法，是自古就是人类认识事物的一个重要的方法。有比较，才有鉴别；有鉴别，才能知真伪，别同异，见高低，识优劣，察种属，触类旁通，不断有所前进。先秦时期，墨家就提出了"以类取，以类予"和辞"以类行"，即提出了根据已知的来推断未知的，以"类"作为推论的枢纽。这就是说，类比也是逻辑推论的关键所在。

那么何谓"无类类比"？"无类类比"，即非同类之比。这就是董仲舒的类比法是有其与众不同的地方。类比本来是以类同为前提的，非同类则无以为比。而董仲舒则正是把非同类作牵强的比附，归为同类。他的天人"相副""相类"，就是通过这种附会比类的结果。天人之所以发生感应，天人"同类""天人一也"是其前提。为了论证这一点，他先把人与天作牵强附会的比较，董仲舒说天的头是圆的，脚是方的就像地面一样，然后从四肢与四季，五脏与五行等等加以类比，这就是所谓"以类合""以数偶"的方法，从而得出了"人副天数"的结果。如董仲舒说："于其可数也，副数；不可数者，副类。皆当同而副天，一也。"类似于此者，在董仲舒的类比中，比比皆是。这种无类的类比，无疑是一种主观的比类，带有极大的主观唯心主义的成分。

董仲舒在研究《春秋》时就很善于应用类比法。他在《春秋繁露·高庙园对》中说：

> 《春秋》之道，举往以明来，是故天下有物，视《春秋》所举，与同比者，精微妙、以存其意，通伦类以贯其理。天地之变，国家之事，粲然皆见，亡所疑矣。

上面的这段话的主要意思就是：《春秋》之道就在于"举往以明来"，《春秋》中论述的十二世之事，人道、王道都有广泛地涉及，两者互相补充，彼此辉映，天下万事万物都有涉及。

循名得理

董仲舒的名论认为，名是反映事物的真义和真情的，"名物如其真，不失秋毫之末"，因此，董仲舒视"名"为判断是非的标准，实际上也包含了把"名"看作认识事物的一种方法，如他说："名者，大理之首章也。录其首章之意，以窥其中之事，则是非可知，逆顺自著，其几通于天地矣。"正是因此，他又指出："随其名号以入其理，则得之矣。"在董仲舒看来，随着对名号的入理分析，即可得知其真理。

举个例子，董仲舒在《春秋繁露·深察名号》中从名入手，演绎出了封建社会各个阶级、阶层、人士的"本质"含义。他说："受命之君，天意之所予也。故号为天子者，宜事天如父，事天以孝道也。号为诸侯者，宜谨视所侯奉之天子也。号为大夫者，宜厚其忠信，敦其礼义，使善大于匹夫之义，是以化也，士者，事也；民者，瞑也。士不及化，可使守事从上而已。""瞑者待觉，教之然后善。"他从天子、诸侯、大夫，到士、民，都从各自的名称，对其所涵之义作了演绎的分析和阐述，从而对各自的地位作了明确的规定。当然，这是从封建等级制的要求上所作的规定，而且也确实反映了各个等级的真实地位。

董仲舒运用"循名得理"的心论演绎法获得了事物至道、至义、至理的认识。很明显，这种"循名得理"的方法，是同其"心论"说相联系的，心论则是同"循名得理"的方法相联系的，其所知者则是事物之至理、至义以及圣人之至道。因此，如果说"无类类比"是以直观经验的类比方法解决感性经验事物的知识，那么"循名得理"则是通过理性的演绎分析，而得到事物本质即道、义、理的认识。这就是董仲舒为何要在"无类类比"的直观经验的类比方法之外，又提出了一个"循名得理"的属于理性演绎分析的心论方法的原因了。

从上述的分析可以得出董仲舒"循名得理"的实质：董仲舒的这种演绎分析方法，实际上是人们运用归纳法为事物起名字时的反向推演，从而把人们以前在起名字时所概括到名字中的内涵或规定，再次揭示出来，这样，就可以使原来对此事物不了解的人，清楚明白起来。所以他说："名者圣人所以真物也。名之为言真也。故凡百讥有黮者，各反其真，则黮黮者还昭昭耳。"

第六章　董仲舒的人性论思想

人性，在中国哲学上是古老的话题，中国的圣哲前贤们大都从社会伦理角度阐发人性，也给出了众多的答案。孟子说人性善，荀子说人性恶，告子说无所谓善恶，又说食色性也，等等。首先提出"人性"一词的是孔子，但他并没有讨论人性是善还是恶的。

孟轲的性善论是他"仁政"学说的基础，他把道德规范概括为四种，即仁、义、礼、智，这也也是孟子教育理论的根据。他认为人性是与生俱来的，人生来就具有"善端"，也就是有为善的倾向。这些"善端"是上天赋予人类的，是人的心中所固有的，是人区别于禽兽的本质特征。因此，又叫"良知"。

孟子是十分重视道德修养的自觉性的。孟子对于士阶层的要求是严格的，认为无论环境多么恶劣，也要奋发向上，把恶劣的环境当作磨炼自己的手段。应该做到"富贵不能淫，贫贱不能移，威武不能屈"，成为一个真正的大丈夫。如果遇到严峻的考验，应该"舍生而取义"，宁可牺牲生命也不可放弃道德原则。他认为通过长期的道德实践，可以培养出一种坚定的无所畏惧的心理状态，这就是所谓"浩然之气"。这种气"至大至刚"，能够主动扩张，充塞于天地之间。

同时，孟子还认为，尽管各个社会成员之间有分工的不同和阶级的差别，但是他们的人性却是同一的。他说："故凡同类者，举相似也，何独至于人而疑之？圣人与我同类者。"这里，孟子把统治者和被统治者摆在平等的地位，探讨他们所具有的普遍的人性。这种探讨适应于当时奴隶解放和社会变革的历史潮流，标志着人类认识的深化，对伦理思想的发展是一个巨大的推进。

荀子的观点与孟子的观点是近乎相反的，他认为"人性本恶"。在荀子看来，人生下来就有贪图私利以及忌妒、憎恨之心，顺着这种本性发展下去，伤害别人的行为就出现了，忠信就丧失了。因此，顺从人的本性，必然会出现争夺，出现违反等级名分、扰乱礼义的行为，最后必然会导致暴乱的发生。

为什么说荀子的观点和孟子的人性观点是近乎相反的，而不是截然相反的？这是因为：荀子也承认人有善的一面，有"辞让""忠信""礼义文理"，不过，他认为这些并非人的本性，而是后天发展而成的。人饿了，看见长者在就不敢先吃，就要推让；累了，看见长者在就不敢先休息，就要代替长辈继续劳动。这些行为，都是违反人的本性和背离人的情欲的。顺从人的本性就不会出现辞让，讲辞让就会背离人的性情。从此出发，荀子认为，人的本性是恶的，善不属于人的本性，而是后天的行为。

而后来的董仲舒则是融合了孟子和荀子的观点。他提出了"待教而善"的人性论。这是对先秦孔子、孟子等人的人性思想的继承和发展。他认为性是由天决定的，性是天生的质朴，虽可以为善，但并非就是善，只有"待外教然后能善"，即人性善是通过教育的结果。君王要顺天之意来完成对人民的教化。他着重教化，并提出"防欲"，比先秦思想家只讲"节欲""寡欲"更为深刻。这也为以后的封建统治者提供了如何进行统治的理论基础。

善恶并存，王教而善

董仲舒认为，"性者，天质之朴也""善者，王教之化也""王承天意，以成民之性为任者也"，因此，民性必须得到教化才能"为善"。

在董仲舒看来，孟子所谓的"善"是爱父母，比禽兽善良，这就是善了。可按照圣人的"善"的标准来看，这还不能算是善。圣人之善，或人道之善，是通过王教的教化而得到"善"，是必须要"循三纲五纪，通八端之理，忠信而博爱，敦厚而好礼"的。董仲舒认为，不是善于禽兽的人就可以称他是向善的人，即是他所说的"万民之性善于禽兽而不得名善"。但董仲舒的人性论是有其阶级实质的，即是封建地主阶级的性质。因为他这里所说善的内涵，即所谓三纲五纪、八端之理、忠信博爱、敦厚好礼，都是外封建统治者所提倡的伦常礼仪，因而带有明显的封建地主阶级的烙印，完全是为确立或巩固封建统治服务的。这就是董仲舒煞费苦心所提出的人性论的阶级性。

"善质""恶质"并存

董仲舒在《春秋繁露·深察名号》中说：

> 是正名号者于天地。天地之所生谓之性情。性情相与为一瞑，情亦性也。谓性已善，奈其情何？故圣人莫谓性善，累其名也。身之有性情也，若天之有阴阳也。言人之质而无其情，犹言天之阳而无其阴也。

这段话说明，董仲舒所谓天生之质包括性与情二者，且"情亦性也"，情、性就分别来自于人所受阴阳二气。贪与仁、善与恶就分别来自于情与性。

在董仲舒看来，性不但有善质，而且有恶质。他是从心的作用来说明此点的。董仲舒在《春秋繁露·深察名号》中说："栣众恶于内，弗使得发于外者"，就是心的作用。何故如此呢？他在《春秋繁露·深察名号》中亦给出了回答："人之受气苟无恶者，心何栣哉！"原来是人禀受有恶气，因而需要"心栣众恶于内"。他进一步在《春秋繁露·竹林》中说："人之诚，有贪有仁，仁贪之气，两在于身，身之名取诸天。天两有阴阳之施，身亦两有贪仁之性。"这就是说，人身所以具有贪仁之气，乃是天施阴阳之气的结果。

但董仲舒只说，人性中有善质和恶质，并没有说人性是善的还是恶的。董仲舒在《春秋繁露·实性》中说：

> 性者宜知名矣，无所待而起，生而所自有也。善所自有，则教训已非性也。是以米出于粟，而粟不可谓米。玉出于璞，而璞不可谓玉。善出于性，而性不可谓善。其比多在物者为然，在性者以为不然，何不通于类也。卵之性未能作雏也，茧之性未能作丝也，麻之性未能作缕也，粟之性未能为米也。

上面这段话的核心思想便是说：善出于性，但性非善；性无待而起，善则待教而成。

同样，他在《春秋繁露·实性》中好说：

> 质无教之时，何遽能善？善如米，性如禾。禾虽出米，而禾未可谓米也。性虽出善，而性未可谓善也。米与善人之继天而成于外也，非在天所为之内也。天所为，有所至而止，止之内谓之天，止之外谓之王教。王教在性外，而性不得不遂。故曰性有善质，而未能为善也。岂敢美辞，其实然也。天之所为，止于茧麻与禾，以麻为布，以茧为丝，以米为饭，以性为善，此皆圣人所继天而进也，非情性质朴之能至也，故不可谓性。

在这里，董仲舒通过禾与米、麻与布、茧与丝的关系，说明"性虽出善，而性未可谓善"的道理。他还指出，"天之所为"止于茧、麻、禾，而以麻为布、以茧为丝、以米为饭，则非天所成，而是人类根据天的意志再创造而成，也就是说，人类所能够做的不会超过天。性与善的关系也是如此。天之所为止于性，而性外之善，乃是人之所为，即人之继天所成，这就是所谓"人事"或"王教"。从上面这两段话来看，实际上它们还回答了这样一个问题："或曰：性有善端，心有善质，尚安非善？"董仲舒在《春秋繁露·深察名号》中给出了回答："茧有丝而茧非丝也，卵有雏而卵非雏也，比类率然，有何疑焉。"当然，他也在《春秋繁露·实性》中作了进一步地阐述："待外教然后能善。善当于教，不当与性。"这就是说，性是自然所生的东西，而善则是教育的产物或结果，因此，善"不当与性"，性也"不当与善"，两者不可混淆！

性待教而善

董仲舒在《春秋繁露·深察名号》中说：

> 性待教而为善，此之谓真天。天生民性有善质而未能善，于是为之立王以善之，此天意也。民受未能善之性于天，而退受成性之教于王，王承天意，以成民之性为任者也。

在这里，董仲舒说了两层意思：①天生人性之善恶之质；②天立王教民善。这两者缺一不可。

在董仲舒看来，作为"天质之朴"的性，之所以能"善"，全在于教化，而王教亦是秉承天意的。上天立王，他的主要职责是："以成民之性"。也就是说，天子对民性施之王教，是完全遵照天意来办事的，是执行天的意旨。而天之所以会有此意旨，又是因为天生民性仅有善质，而没有"为善"，且还有恶质，有为恶之可能，所以要王教而向善。董仲舒之所以批评孟子的性善论，把人性说成是"天质之朴"，只有善质而没有从善，其目的全在于引出王教化民的任务，也正是因此，他批评孟子的性善论说："今按其真质，而谓民性已善者，是失天意而去王任也。万民之性苟性已善，则王者受命尚何任矣。"照此说王者之受天命，其任务就是教化民性使之为善，此外再无别任了。由此即可见董仲舒对王教之任的极端重视。当然，在此特别值得注意的是，董仲舒的人性论具有神秘性质。他把王教说成是天意，这实际上就把王教的任务神秘化了。

董仲舒在《春秋繁露·深察名号》中说：

> 圣人以为无王之世，不教之民，莫能当善。善之难当如此，而谓万民之性皆能当之，过矣。质于禽兽之性，则万民之性善矣；质于人道之善，则民性弗及也。万民之性善于禽兽者，许之；圣人之所谓善者，勿许，吾质之命性者，异于孟子。孟子下质于禽兽之所为，故曰性已善；吾上质于圣人之所善，故谓性未善。

这段话的意思是说：在圣人看来，无王之世，不教之民，是不能算善的。照这样，善是非常难当的了，可是又说万民之性都已善，这显然是过头了。可见，以禽兽之性来评判，那么万民之性就是善的了；而若以"人道"之善作为评判的标准，那么民性就够不上善了。正是因此，董仲舒说，他评判性的标准与孟子不同。孟子是以禽兽之所为作为参照物，所以说人性已善；而他则以圣人所说的善为参照，所以说人性未善。

总之，在人性论问题上，他调和孟荀的"性善"论和"性恶"论，认为人性是"天"创造人类时所赋予的一种先验的素质，这种素质具有善的可能性，也具有恶的可能性。董仲舒认为"为善"要靠人为，要靠教育和环境的力量培养塑造的观点，和荀子极为相似，有一定的合理因素。他认为教化"为善"的工作应由帝王来进行，这是上天给予帝王的责任。董仲舒把教育看作是王者必不可少的权力。董仲舒肯定先天的"善质"，这一点是继承孟轲的观点。

"性三品"说，开山鼻祖

董仲舒对先秦儒家的人性论进行了扬弃，他糅合性善、性恶说，认为人性是有善恶品等的，提出了"性三品"说。董仲舒以天有阴阳之气论证人具有善恶的两重性，并把人性分为天生能善的"圣人之性"，贪欲难改的"斗筲之性"和可为善可为恶的"中民之性"。孟子的性善论、荀子的性恶论都是说的中等人的性格，而董仲舒的"性三品"说则包括了人的三种等级。

董仲舒在人性方面将所有的人划入三种类型，称之"性三品"：一是"圣人之性"。天赋圣贤，无需后天教育即已经完美，这类人只有君王和少数权重位高的人；二是"中民之性"。天赋聪慧，后天教育可能使之变好也可能变坏，这类人如士大夫武将等豪门地主等等；三是"斗筲之性"。天生地恶劣刁顽，必然是为非作歹的出息，这类人无疑就是那些生活在社会底层的百姓。这也是上天的安排。

圣人之性

何谓"圣人"？孔子认为，"圣人"是指比所谓仁人的品德还要高尚得多的人，甚至尧舜都难以做到，因此被奉为圣人的孔子自己也自谓不敢当。孔子在回答子贡所问"博施于民而济众"是否为仁时，孔子答道："何事于仁！必也圣乎！"这实际上就把"博施于民而济众"者看作为圣人。孟子对圣人的规定非常明确："圣人，人伦之至也。"荀子的规定是："积善而全尽，谓之圣人。"综合先秦时期儒家的说法，圣人就是能广泛施恩于人民且能普济众生的至善至德之人。能够具有如此高尚道德的人，当然是不可多见的，以至孔子说："圣人吾不得而见之矣。"

作为汉代儒家的代表人物，董仲舒是继承了先秦大儒的观点的。董仲舒在《春秋繁露·威德所生》中说："行天德者谓之圣人。"那么何谓"行天德"呢？关于这个问题，董仲舒亦在《春秋繁露·威德所生》中作出了回答：

> 天有和有德，有平有威，有相受之意，有为政之理，不可不审也。春者，天之和也；夏者，天之德也；秋者，天之平也；冬者，天之威也。天之序，必先和然后发德，必先平然后发威。此可以见不和不可以发庆赏之德，不平不可以发刑罚之威；又可以见德生于和，威生于平也。不和无德，不平无威，天之道也，达者以此见之矣。我虽有愉而喜，必先和心以求其当，然后发庆赏以立其德；虽有所忿而怒，必先平心以求其政，然后发刑罚以立其威。能常若是者谓之天德。

上面这段话的意思是：天的运行是有规律的，春生、夏长、秋收、冬藏，此即天之和、德、平、威。其所行的顺序是先和后德，先平后威，德生于和，威生于平，不和无德，不平无威。这种顺序就是所说的"天道"，这也就是"天德"。按照这种顺序为政，即是效天之行，法天之道，且"能常若是者"，即力行天德的人，也就是圣人。这显然是与先秦儒家所说广施恩于人民且能普济众生的至德至善之人是一致的。

那么在董仲舒看来，圣人应该包括哪些人呢？是否像老子笔下的圣人，像白云投在地上的影子，是梦中的梦，虚中的虚？董仲舒所说圣人包括如下三部分人：

1. 具有高尚德行因而被授命为天子者。董仲舒在《三代改制质文》篇中说："天施符授圣人王""圣人生则称天子"，还说："德侔天地者称皇帝，天佑而子之，号称天子。"此外，董仲舒还认为，天子者，"则天之子"也，因此，"三代圣人不则天地，不能至王"。这些已足够表明，他所说圣人显然包含将授命于天的天子了，那些虽居天子位而不行圣人之政、反而鱼肉人民的"一夫之人耳"，更不在其列，而是有大恩大德于民众的人，即他称之为"圣王"的人："儒者以汤武为至贤大圣也，以为天道究义尽美者，故列之尧舜之谓圣王"。

2. 某些至贤至圣的辅圣王的三公或大臣，亦属圣人之列。董仲舒在《汉书·

董仲舒传》说，尧受命，"务求贤圣，是以得舜、禹、稷、咎、咎繇"。"文王顺民理物，师用贤圣，是以闳夭、大颠、散宜生等聚于朝廷。" 这实际上也就是他在《官制象天》篇中所说"王有四选"的"三公"之选。这其中当然包括"作礼乐以文之"的周公。

3. 作《春秋》"先正王而系万事"、被称为"素王"的孔子，当亦属圣人列。

上述这三部分人就是董仲舒所说圣人范畴。

在很多地方，董仲舒要把圣人和天子等同，将封建时代的皇帝神圣化。这样一来，天子就如圣人一样，一方面天子是天的"儿子"，另一方面，天子作为天的代理人，又是人间的主宰。法天立道，教化子民。

董仲舒说："无其王教，则质朴不能善"。只有经过圣人、经过包括王者的教化，民性才能为善，"圣人之性"即"过善之性"，亦非教之而成，而是与万民之性一样，也是天性。不过，它却不是如民性那样，只有善质而未能为善，必待教而后善，相反，却是专为教民之性为善的。这样，所谓"过善之性"也就是所谓"承天意，以成民之性为任者也"，不能完成此任，便成了"失天意而去王任""违天命"的了。

在董仲舒看来，圣人之性乃是一种神性，是一种超人之性。它与一般地主阶级的人性略有差异，但这种差异是非本质的，更确切地说是整个地主阶级人性的理想化表现，或者说是地主阶级"纯"化或"淳"化了的人性，这就是"圣人之性"的阶级实质。也正是由于这种"纯仁淳粹"的圣人之性，不需教化人，只需按照自性发挥出来便是善，因而是一种过善之性。

所以，董仲舒说："圣人之性不可以名性"。董仲舒也是想通过这种方式树立皇帝绝对权威，这也是董仲舒的"大一统"思想在人性论上的体现。

中民之性

何谓"中民之性"？也可以叫做"万民之性"。中民之性，即一般人的人性，有善有恶，可善可恶，可通过教化使之为善。中民之性介于斗筲之性和圣人之性二者之间。

在董仲舒看来，"圣人之性"与"斗筲之性"是极少数的人，是不可以"名性"的。只有"中民之性"代表万民之性，方可"名性"。中民之性是有待圣王教化以后才能成"善"，拿董仲舒的话说就是："较善于教训而后能为善"，然而却不可以教化成圣人。

那么，"中民之性"指的是哪些人呢？按当时的社会阶级构成来看，应包括一部分统治者，也包括一部分被统治者，即是指一般贵族、官僚、地主、奴隶主、大商人、中小商人、独立手工业者、自耕农，以及一切以取得人身独立的人统统都包括在内。"中民之性"人数最多，是当时政治和经济制度赖以存在的支柱，也是主要的教育对象。董仲舒把这些人说成是"待王教而后善"，目的是要为"任德教而不任刑罚"的治术主张提供人性论的依据。

值得一提的是，"中民之性"不是某一阶级的人性，而只是表示人性品级的、界于上品与下品之间的一种品性，即是既非绝对善质、又非绝对恶质的善质与恶质混合的、可导而上亦可导而下的人性，这就是董仲舒"中民之性"的本来意义。

董仲舒在《春秋繁露·实性》中说：

民之号，取之瞑也。使性而已善，则何故以瞑为号……性有似目，目卧幽而瞑，待觉而后见。当其未觉，可谓有见质，而不可谓见。今万民之性有其质，而未能觉，譬如瞑者待觉，教之然后善。当其未觉，可谓有质，而不可谓善，与目之瞑而觉一概之比也。

上面的这段话以将性和"瞑"做对比，阐明光靠眼睛是不能叫做"看见"的，必须要加以人的感知才叫做"看见"，以此来比喻民众的天性中有善的因子，但不可以说就是"善"了，必须经过君主的教化后才能"善"。

"中民之性"如茧如卵，卵待覆二十日而后能为雏，茧待缲后才能织成丝绸，民性只有经过君主的潜移默化地教化后方能为善。可见，只有"中民之性"符合名性的条件。

斗筲之性

何谓"斗筲之性"？"斗筲之性"并不是专门指从政官吏中的卑鄙小人，它应包括了一切阶级、阶层中的卑鄙小人，其中既包括了一般统治阶级中的卑鄙小人，又包括了平民百姓中的卑鄙小人，还包括了身居皇位的独夫民贼。

在董仲舒看来，人之所以为人，最重要的就在于人讲仁义，讲人伦。正是这一点把人与物以及只知"苟为生、苟为利"的鸟兽区别了开来。而能行仁义也是"天之为人性命"的重要内容。因此，这一点也把人性与物性及鸟兽之性区别开来。所以一切不能遵行封建社会的伦理道德的人，即如"斗筲之民"那样，小器量，只知"苟为生，苟为利"，那就不能算作人，而只能算作鸟兽了。"斗筲之性"，当然在本质上也不属于人性，而只能是鸟兽之性。鸟兽之性自然亦无善质，只能是绝对的恶质，有王教亦不能使之为善。故此，"斗筲之性又不可以名性"。

第七章　董仲舒的进化历史观

董仲舒的历史观是"三统三正"的循环论，他的这个"三统三正"的循环论思想为其提出封建社会政治、经济、文化、思想等方面的改革，提供了理论支撑，这也是董仲舒的历史观的根本意义所在。

应天改制，应天治礼

在董仲舒看来，历史是按照赤、黑、白三统不断循环的。每一新王受命，必须根据赤黑白三统，改正朔，易服色，这叫新王必改制，但是"大纲人伦，道理、政治、教化、习俗、文义尽如故"，封建社会的根本原则，是不能改变的。"王者有改制之名，无易道之实"。这种"天不变，道亦不变"的形而上学思想，成为了以后封建社会纲常名教万古不灭的教条，并且对社会的发展起到了一定的阻碍作用。

"天不变，道亦不变"是董仲舒的《举贤良对策三》中，对汉武帝提出的观点，这句话的意思是说：只要天地之间的自然万物存在，自然规律亦就不可改变。这句话的前一句是："道之大，原出于天"，这是"天不变，道亦不变"的前提条件。谁也没有想到这句话在中国两千多年的封建社会里，一直奉为经典，颠扑不破，放之四海而皆准的真理。

"三统"

董仲舒主张，一年十二个月之中，有三个月可以作为岁首（正月），即子月（现时农历十一月）、丑月（农历十二月）和寅月（农历正月）。一个朝代以某月为岁首（正朔），就要确定相应的朝服、车马仪仗等的颜色。他认为，历史上的一切朝代，都要按照黑、白、赤统循环更迭。所谓黑、白、赤统，又称"正黑统""正白统""正赤统"，所以又称"三统三正"。这就是董仲舒提出的黑、白、赤三统循环的神秘主义历史观。

实际上"三统"说的产生是有其历史原因的。

从战国时期的邹衍创立了"五德"运演的历史观以来，这种"五德"终始历史观便一直居于统治地位，直至汉朝初年，仍然非常流行。但这种历史观自身也有其发展过程，起初的五德运演以五行相克为序，而到《淮南子》，则演变成了以五行相生为序，由此暴露了五德终始说的自身矛盾。

正是因此，汉应属于何德，在汉朝建立之初的几十年间，发生了反复的、持久的争讼。最初，高祖刘邦自命为赤帝子，斩白蛇起义，意为火德。但秦为水德，若按相克说，则与事实发生了很大矛盾。所以在汉立之初，张苍复以汉为水德。可是这样便又与秦合德。正是因为如此，后来又有公孙臣上书以汉为土德事。文帝在位期间，贾谊曾经攀附过"土德说"，且当时相传成纪见黄龙之应。然而这种说法与刘邦起事很不相合，所以最后还是回到了火德说。所以班固在《汉书·高帝纪》中也肯定了火德说："汉承尧运，德祚已衰，断蛇著符，旗帜上赤，协于火德，自然之应，得天之统。"这段为汉属何德的争讼故事，便说明五德终始说由其内在的矛盾，令人不知汉之所归。正是在此种情况下，"三统"说就是在这种情势下应运而生的。

在董仲舒看来，"三统"循环是天意的显示，每个朝代的新统治者受天命为王，都必须按照在三统中循环的位置，相应地确定和改变正朔、服色等等。否则就是"不显不明"，违背天志。董仲舒强调，"王者有改制之名，无易道之实"，认为正朔、服色随朝代的改变可作必要的改变，但作为社会的根本大"道"，诸如三纲五常，是永远不能改变的。

董仲舒提出的"三统说"也并不是凭空捏造的。夏代以寅月为正月，那个时候"天统，气始通化物，物见萌达，其色黑"。于是夏朝的朝服、车马仪仗等都尚黑，是黑统。商朝以丑月为正月，其时"天统，气始蜕化物，物始芽，其色白"。因而商朝尚白，是白统。周朝以子月为正月，其时"天统气始施化物，物始动，其色赤"。于是周朝一切尚赤，是赤统。这就是"三统"。

新王须改制

董仲舒在《春秋繁露·楚庄王》中说：

> 今所谓新王必改制者，非改其道，非变其理，受命于天，易姓更王，非继前王而王也。若一因前制，修故业，而无有所改，是与继前王而王者无以别。受命之君，天之所大显也。事父者承意，事君者仪志，事天亦然。今天大显己物，袭所代而率与同，则不显不明，非天志。故必徙居处，更称号，改正朔，易服色者，无他焉，不敢不顺天志而明自显也。若夫大纲、人伦、道理、政治、教化、习俗、文义尽如故，亦何改哉？故王者有改制之名，无易道之实。孔子曰："无为而治者，其舜乎！"言其主尧之道而已。此非不易之效与？

上面的这段话主要说明了两层意思：①新王必须改制，用来表明他是受命于天的，易姓更王，不是继承前朝的，如果不这样的话，一切都承袭前朝的制度，重修故业，没有更改，那就和前朝的君主没有差别，这不是天的意志。②新王所进行的这种改制，不过是"徙居处，更称号，改正朔，易服色"，至于"大纲、人伦、道理、政治、教化、习俗、文义"，却"尽如故"，没有改动。正是基于此，在他看来，上述的王者改制，"非改其道，非变其理""有改制之名，无易道之实"。如舜继尧，无为而治，就是此种易姓更王，只有改制，不得不"变其道"。

关于新王必须进行改制的主张，董仲舒在《三代改制质文》中作了进一步地说明，一开篇他直入主题地指出："王者受命而后王。王者必改正朔，易服色，制礼作乐，一统于天下，所以明易姓非继仁，通以己受之于天也。"这里就一般地指出了受命于天的而新王，除了改正朔，更换朝服的颜色之外，还需制礼作乐，以便一统天下。

随后，董仲舒在回答"王者改制作科奈何"的问题时，他又一方面讲到"历各法而正色""作国号，迁宫邑"；另一方面又讲到"礼乐各以其法象其宜""易官名，制礼乐"。他还举例说："故汤受命而王，应天变夏作殷号，时正白统。亲夏故虞，绌唐谓之帝尧。以神农为赤帝。作宫邑于下洛之阳，名相官曰尹。'作濩乐，制质礼以奉天。文王受命而王，应天变殷作周号，时正赤统。亲殷故夏，绌虞'谓之帝舜，以轩辕为黄帝，推神农以为九皇。作宫邑于丰，名相官曰宰。作武乐，制文礼以奉天。"由此可见，在《三代改制质文》中，他所说作新王之事，必然包含着应天改制和应人制礼作乐两个方面，而且从其文章的标题看，谓"改制"和"质文"，其中"质文"，便是指的制礼乐。

更王改制的规律性

董仲舒所提到的易姓更王、改制作乐是否有规律性可循呢？回答是肯定的。

1. 董仲舒认为作为政治基本原则的"道"，绝对不可以"变"。但"改制"是合理的。拿董仲舒的话说就是："继治世者其道同，继乱世者其道变"。这里所揭示的是"易姓更王制礼"也就是董仲舒所说的"道"，其对前代的"礼"损益与否，决定于所继之世是治世，还是乱世。继治世，像禹继舜、舜继尧，除改正朔、易服色的改制之外，其余一切"尽循尧道"，这就是他所说："三圣相受而守一道，亡救弊之政，故不言所损益""其道如一而所上同也"，此即谓"继治世者其道同"；如果是继乱世的话，如殷继夏，周继殷，夏、殷、周三王之道各有偏而不起之处，故需举其偏者以补其弊，特别是桀纣大为亡道，因此，殷因于夏礼、周因于殷礼，都有"所损益"，此即谓"继乱世者其道变"。

2. 继乱世的"道"变也是有规律可循的。董仲舒说："然夏上忠，殷上敬，周上文者，所继之捄当用此也。孔子曰：'殷因于夏礼，所损益可知也；周因于殷礼，所损益可知也。其或继周者，虽百世可知也。'此言百王之用，以此三者矣。"这是说，继乱世而成就霸业的，他制礼需按照夏忠、殷敬、周文之忠、敬、文的顺序，根据所处的形势，循环地使用忠、敬、文三王之道。

3. 继乱世，新王改制与变道，三统与三道的运演，有着明显的一致性和同步性。夏正黑统，用忠道；殷正白统，用敬道；周正赤统，用文道。因此，三统与三道的运演规律是：黑统、忠道——白统、敬道——赤统、文道。从三统与三道的同步运演即可看到，董仲舒所说改制与变道，只有两者同时进行，才能完成继乱世的君王的事情。

为政不行，善治必更

"为政不行，善治必更"意思是说：旧的政令已经不能在国内施行了，要想达到天下大治的效果必须要改革，必须要改弦更张。

董仲舒在原则上是肯定历史的进步或进化的。在他看来，每一次改朝换代，每一次的"道"变，都是因其形势的改变，必须要对"礼"进行改制，因而对前朝之礼均有所损益。董仲舒在论述汉代"宜少损周之文致，用夏之忠者"时，曾反复说明，汉继秦乱世之后，前朝所遗留下来的东西，如"腐朽之木，不可雕也，粪土之墙，不可圬也"，所以，绝不可像秦朝取代周朝那样。本来周朝末年有很多不合理的制度，但秦"独不能改，又益甚之"，结果导致十四年后便落了个"国破亡矣"的悲惨下场，董仲舒认为"圣王之继乱世也，扫除其迹而悉去之，复修教化而崇起之""窃比之琴瑟不调，甚者必解而更张之""为政而不行，必变而更化之"，这样，汉才可得到"善治"。为此，他像汉武帝提出了"退而更化"的主张。

历史意识

历史意识，不是人们对历史现象的记忆，它是个体对历史现象的反思，其围绕着社会主导阶层的文明视野，及其所能代表的广泛的社会利益而展开，而绝非领袖个人秉性与权力阴谋所能决定得了的。

历经秦末之乱与楚汉相争，刘邦建立了西汉王朝，终于统一了中国。当此之时，如何面对秦帝国及其春秋战国时代的遗留，成为西汉建政立国最紧迫、最实际的问题。如何解决这一问题，直接取决于主导阶层的历史意识。这时，有一个具体的基准问题：对待秦帝国所开创的大一统文明框架，是全面地继承它还是打破它而另起炉灶？

但是，从中国文明演进的历史来看，西汉是一个极其重要的具有特殊意义的时代。这一特殊表现在：西汉处在中国原生文明之后的第一个十字路口，最具有重塑中国文明的种种可能。一言以蔽之，它承担着"如何承前，如何启后"的最重大的历史课题。从这个角度来看,西汉王朝的历史抉择,显得尤其的重要。

对秦的批判

董仲舒对秦朝的制度的批判是很厉害的,他没有将西汉"习俗恶薄"的原因归结为六国贵族集团大复辟给社会带来的大破坏,而将全部的罪责归结为秦政的横暴,这显然是有偏见的。但这种偏见又并非是认识偏差,而是蓄意为之。

那么董仲舒"蓄意为之"的目的又在哪里呢? 其实,董仲舒的目标很明确:促使"更化",变为以"三代王制"为本体,促使儒家思想的"一统"局面。而如果将世道沦落的根源归结于复辟动乱,这样的话就会否定儒家颂扬"王制"的正当性。所以,只能将世风败坏的罪名,整体性推于秦政。

实际上,在当时来看,董仲舒的思想并没有从总体上动摇"汉承秦制"的实际国策。董仲舒生于西汉中期,距秦帝国时代不过百年上下,对复辟势力的暴力毁灭、相互背叛、杀戮劫掠、道德沦落等等恶行,及其破坏力与后遗症,应该很清楚。将这种破坏整个文明结构与社会伦理的罪责完全归结于秦政,很显然是不科学的。

由此,董仲舒认为不能继承秦朝的制度,汉朝要"大治"必须要走"更化"之路。

历史变迁,自行调节

在董仲舒看来,封建社会是可以自行调节的,这也是董仲舒历史观的一个表现方面。

早在汉景帝时期,有一个叫辕固生的博士(汉朝官职)与黄生在景帝面前展开了一场围绕商汤王和周武王到底是"弑君"还是"受命于天"的辩论。

当时,黄生主张汤武是"弑",不是"受命于天",其主要理由是:"冠虽敝,必加于首,履虽新,必关于足。何者? 上下之分也。今桀纣虽失道,然君上也;汤武虽圣,臣下也。夫主有失行,臣下不能正言匡过以尊天子,反因过而诛之,代立践南面,非弑而何也?"意思是说:帽子再破,也是戴在头上的,鞋子再新,也是穿在脚上的。这是为什么呢? 头和脚是有分别的。虽然夏桀王、商纣王都是无道之君，然而他们是君上；商汤王和周武王虽然是圣人，但是他们都是臣下。君主有过错，作为臣下的不能帮助他改正，反而因为君主有错，而将他杀掉，贴换了他们，自己反而作了君主，这不是"弑"又是什么呢？

辕固生则极力地反对黄生的观点，他说："夫桀纣虐乱，天下人心皆归汤武，汤武与天下之心而诛桀纣，桀纣之民不为之使而归汤武，汤武不得已而立，非受命而何？"意思是说：因为夏桀和商纣的暴虐，天下的人心都归顺了商汤和周武王，商汤和周武王代表天下人而杀死夏桀和商纣王，夏桀和商纣王统治下的人民都不愿受他们的驱使，从而归附了商汤和周武王，商汤和周武王是不得不这么做，这难道不是顺天命而为的吗？

辕固生还针对黄生说："必若所云，是高帝代秦即天子位，非邪？"意思是说：照你这么说，难道高皇帝取代了秦而做了天子，这难道不对吗？

辕固生和黄生的辩论到此，胜负未分，景帝便以"言学者无言汤武受命，不为愚"，将这场辩论压了下来。但问题依然存在。

董仲舒的观点

董仲舒是支持辕固生而反对黄生的，他作了《尧舜不擅移，汤武不专杀》一文就是为了说明这个问题的。在该文中董仲舒从以下几个方面来论证自己的观点的：

1. 在董仲舒看来，商汤和周武王是"至贤大圣""全道究义尽美者"，可以和尧舜相提并论，可以称他们为"圣王"，作为人君的楷模，后世的君王应该效法他们。但是，按照"足下"（指黄生）之意，汤武"弑"，就是"不义"，那么义者又怎么能当天下之主呢？或者以为天下根本就没有义王？那么，神农如何当天下的王呢？是与天地同时生而为王，还是有因讨伐无道之君后而做王天下的王呢？神农显然有所伐。"神农氏有所伐可，汤武有所伐独不可，何也？"就是说，"有所伐"不是断其为"不义"或"弑"的依据。

2. 从上天立王的目的看。董仲舒说，"天之生民，非为王也；而天之立王，以为民也。故其德足以安乐民者，天予之；其恶足以贼害民者，天夺之。"为此，他还引用了《诗经》中的一段话："殷士肤敏，裸将于京。侯服于周，天命靡常。"由此说明"天之无常予，无常夺也。"这即是他在《三代改制质文》中所说:"天子命无常，唯命是德庆。"汤武之受命，桀纣之遭伐，全在于其自身行德与行恶，"唯命是德庆"。

3. 从历史上的七十二王的角度来看。据记载在泰山上受封，在梁甫封禅，易姓更王，品德像尧舜一样高尚的，有七十二人。董仲舒说:"王者天之所予也，其所伐，皆天之所夺也。"可见，讨伐无道之君并夺了他们的王位，不是不义的表现。"今唯以汤武之伐桀纣为不义，则七十二王亦有伐也。推足下之说，将以七十二王为皆不义也。"这句话反过来说便是:七十二王为义，汤武亦为义。

4. 从"礼"的观点来看，如果没有商汤讨伐夏桀和周武王讨商纣的话，也就没有秦朝讨伐周朝和汉朝讨伐暴秦了，这是"非徒不知天理，又不明人礼。"

5. 有道义的讨伐无道义的，是天理，是理所当然的事情。董仲舒认为，夏桀无道，商汤来讨伐他，商纣王无道而周武王来讨伐他，周朝的皇帝无道而秦始皇就来讨伐他，秦朝无道而汉朝就来讨伐它。自古以来就是这样。"有道伐无道，此天理也，所从来久矣，宁能至汤武而然也。"意思是说:商汤王和周武王讨伐夏桀和商纣，当然也是符合天理的。

6. 从君主名分来看。董仲舒认为:"君也者，掌令者也，令行而禁止也。今桀纣令天下而不行，禁天下而不止，安在其能臣天下也。果不能臣天下，何谓汤武弒?"既然桀纣已不能臣天下了，当然也就说不上是汤武弒君了。

董仲舒讲仁爱时也说:"亡者爱及独身。独身者，虽立天子诸侯之位，一夫之人耳，无臣民之用矣。如此者莫之亡而自亡也。"这也说明，夏桀和商纣的灭亡是自取灭亡，而汤武的讨伐，完全是顺乎民心的，讨伐的是一个真正的孤家寡人而已，当然不能算是"弒"君。

肯定汤武的目的

从某种意义上而言，董仲舒肯定了汤武的讨伐并取而代之的行为是其天道观和社会伦理思想的体现。

在前面已经说过，"天子受命于天"，然而"天之生民非为王也，天之立王以为民也，"所以"天子命无常，唯命是德庆""其德足以安乐民者，天予之;其恶足以贼害民者，天夺之"。所以，汤武的讨伐行为正是其"君权神授"思想的体现。

董仲舒还认为，"治乱兴废在于己，非天降命不可得反也"，这就恰恰说明了桀纣的受诛，完全是其自己的"所操持悖谬失其统"，以至诸侯背叛，百姓离去，是其自取灭亡的；但汤武是因为推行德政，积累善德，上得天意，下得民心，讨伐桀纣，是为了拯救人民于水火之中，正体现了上天的仁美之心。

同时，董仲舒肯定汤武式的讨伐行为也就肯定了继乱世者道变。时逢乱世，汤武起来讨伐无道之君，推翻旧的王朝，建立一个新的王朝。因为前朝的礼节又不适合新建立的王朝的形势，这样，便实现了道变，并按忠、敬、文三道循环演进。可见，汤武式的讨伐行为，乃是实现董仲舒"三统""三道"历史观不可缺少的必要环节，如果不这样的话，所谓"继乱世者其道变"也就无从谈起了。

因此，汤武讨伐行为的性质也就不证自明了，一方面，从封建社会的改朝换代来说，确乎是一场"革命"，但是另一方面，从社会形态的演进来说，它又不过是封建王朝统治者的转换，而不是从根本上动摇封建的社会制度，因而并不是社会制度的革命，而只是在封建社会制度所允许的范围内的进化。

可见，董仲舒肯定汤武的讨伐行为，正是其天道观及其伦理思想正是其历史观的体现。

第八章　董仲舒补漏拾遗

董仲舒的一生可以说是治经著述、改造儒学和实践儒学的一生。他是开一代经学之风的《公羊春秋》大师，广采博纳，综合先秦诸子的学说，构建起了一套新的儒学体系，特别是由于他首倡"罢黜百家，独尊儒术"，受到汉武帝的赏识并采纳，从而确立了儒学在中国的封建社会的绝对领导地位，从此儒学登上了封建社会意识形态的王座，与此同时，他还为西汉封建社会的建设提供了理论基础，并在政治举措上提出了一套具体的改革措施。董仲舒的所有这些理论和实践活动，都适应了时代的要求，顺应了历史的发展趋势，因而巩固和加强了以刘氏皇帝为核心的中央集权的封建王朝，实现了西汉王朝政治上的"大一统"局面的形成，并促进了西汉社会生产力的发展。

但短短数万字对这位伟大的思想家是介绍不完的，本章主要对这位思想家进行补漏拾遗。

董仲舒故里的考究

董仲舒的故里究竟在哪里，这在历史上也是莫衷一是。关于董仲舒故里的记载最早记载于司马迁的《史记》一书，称："董仲舒，广川人也。"但在董仲舒生活的时代，既有广川国，又有广川县。司马迁所说的广川到底是指广川国，还是广川县呢？

另外，《畿辅通志》上也说：

夫德州之曰广川，以晋武时改广川为长河，移属平原故也；枣强之曰广川，以汉景时分广川为枣强，后复并枣强入广川故也；景州之曰广川，以广川未属故也。其实，董子所生之董家庄，在汉为广川县地，时未置枣强，亦不属蓚，故太史公直书曰"广川人"。后代既以广川割属景州，则庙食者自在此不在彼矣。

据史载，东汉史学家班彪在论《史记》时称，司马迁说指应为广川县，并非广川王国，即董仲舒为广川县人。明代嘉靖《枣强县志》载："汉世，枣强广川，离合废置，本为一也。"据考，其疆域大致包括现在的枣强县东南部的一部分，南部的一部分，西部的一部分，中部、东部、北部及现在的景县西南角与故城县西北角。西汉的广川为现在的枣强。董仲舒故里为现在的枣强县旧县村处，依据如下：

1. 近年，在考古活动中，在旧县村发现"董氏宗祠"石刻门楣及其清代拓片，标记"祥符丑重修"的字样。即宋真宗大中祥符六年，（公元1013年），重修即表示此前这里就存有："董氏宗祠"。宗祠即家庙，是族人祭祀先祖之所。

2. 据明朝的《冀州志》记载：旧县村西有一座"四名寺"，当地俗称"西大寺"。前身为董子当年讲学之所。河间国献王刘德为其所建。该寺毁于清代末，遗址尚存，凸出地面。遍地瓦砾。村民在此挖出陶制灯台，上写"秉烛课徙，诲人不倦"据说为董仲舒当年讲学所用之物。3. 董仲舒举家迁徙长安。故里董氏日渐没落。其故居董氏宗祠后来被销毁，后人在原址建董子祠。明代万历三十六年（公元1608年）重修，并雕董仲舒坐姿石像（高约2米）一尊，石像仍存。现在的董子祠是省级文物保护单位。1987年，在原址重修董子祠，以保护石像。

关于董仲舒石像置于后旧县村还有一段传说。称当年在西山雕刻石像完毕后，要运往董故庄村安放，但运至旧县村"忽重不可举，遂置之而去。"，如董仲舒出生于董故庄村怎能将先祖石弃之他村，当然，这是这是传说。董故庄村距旧县二三里，千里迢迢运抵。

当然也有人认为董仲舒的故乡是大董故庄。明周士选的《重修董子祠堂记》也有记载：

董子之生，实汉广川，今入景州版图。所谓广川镇者，即其故居也。吾邑城西北三十里所有村曰董学，去镇仅数里，相传为董子下帷地，旧有祠在焉。毁于兵燹，故址茫不可识，宏正间，居民得断碑地中，字划多漫灭不可读，隐隐辨"董祠"数字，以是知名村之义以董子下帷故，无疑也。由此即知，故城之董学村，原为董子"下帷讲诵"之地，非出生地。所以《故城县志》说，该村原名十里长村，因董子"下帷讲诵"故，所以又名"下帷村"，后来才改名"董学"。正是因此，《景州志》断定"董仲舒故居在董家庄"，即今景县大董故庄。

董仲舒墓碑

4.《世说新语》记载：董仲舒有一位儿子名符起，被误为不孝而赶出家门，投奔于距旧县村四五里路的董仲舒好友王善有。董符起将王善有老人送终后，继续生活在此村。据《枣强县志》记载，确有王善有此人。但无生平文字。因"善有"音同"寿"，后来该村改名为王寿村。后来演变为前王寿、后王寿二村。古时，前后王寿及周边的苏谷，朴庄等同宗董氏，聚于旧县村的"董氏宗祠"前祭祖。王寿村至今存藏清代重修族谱，序称董仲舒为太始祖。

这一带唐宋时期的村落，尽淤埋于地下。西汉时代董故庄也难以存于地面。

西汉旧县村曾为县治所,虽带又复为治所 500 年未变。至今地面凸出多多,瓦砾遍地。怀疑旧县村与董故庄村本为一村,从旧县村分离而出。

5. 现在的陕西兴平汉武帝茂陵以北约 500 米处,又一村叫"策村",村民多为董姓,村民说自己是董仲舒的后裔。策村东南约 250 米处,有一座古冢,村民称为"策冢"。这就是董仲舒的墓冢。专家解释说,这是因为董仲舒曾进呈"天人三策"有功于汉,为铭记先人功绩,遂一直为名。

封建理论体系构建者

从中国社会的历史发展进程来看,春秋、战国之际中国社会开始向从奴隶制度向封建制度过渡,但这样的过渡过程是漫长的,直到西汉前期,封建社会的意识形态和理论体系,没有天下"大一统",或者虽有"一统",但都未能指导统治者取得社会的长治久安之效。

董仲舒的新儒学是适应当时的时代发展要求的。联系当时实际来看,当时的西汉王朝刚刚取得全国政权,但其在政治上和思想上尚未完全实现"大一统",这就需要有人来完成设计一套能够维持其长治久安的意识形态或理论体系的任务。

董仲舒的新儒学体系是以孔、孟的儒学为核心,以阴阳五行学说为构架,并广泛吸取了先秦道家、法家、墨家等诸子的思想而构成。它主要包括以下几个方面的内容:①以自然神论之"天"为最高范畴、以阴阳五行为构架和以"天人感应"为核心的宇宙论;②"变而有常"的天道观;真天意、辨物理的认识论;③待教而善的人性论;④以"三纲""五常"为核心的伦理思想;⑤继乱世必须"更化"的"三统""三道"的历史观;⑥取法于天、以行仁政德治为核心的王道论;⑦"独尊儒术"的大一统论。

正是由于董仲舒所首倡的"罢黜百家,独尊儒术"的建议被汉武帝所恩准,从此,儒家思想的地位便有了质的飞跃,它由士人们坐而论道的一家之言变成了普天之下的真理,由带有"平民"色彩的非官方哲学变成名副其实的官方哲学,它的理论体系和经典,便成为居统治地位、为封建社会服务的官方意识形态。这一变化，在中国的文化变迁中起了双重作用：①把"布衣"孔子变成了为统治阶级所尊崇的圣人；②奠定了儒家学说在中国古代传统文化中的主导和统治地位。

从这个意义上说，董仲舒对于中国传统文化的形成和发展起了极其重大的作用。由此也就奠定了董仲舒在中国历史上和文化传统中的重要地位。孔子之所以能够成为封建时代的"孔圣人"，而不是像老子、墨子那样，仅是某一流派的祖师，以及孔子之成为今天中华民族传统文化的创始人，最核心的固然是孔学本身，但从外因来看，也有赖于倡导"罢黜百家，独尊儒术"的董仲舒。

《公羊春秋》大师

董仲舒，后世人一般尊称其为"董子"，他作为汉代的大儒，主要以治《公羊春秋》，开一代经学之风而闻名于世。他以《公羊春秋》为依据，将周代以来的宗教天道观和阴阳、五行学说结合起来，吸收法家、道家、阴阳家思想，建立了一个新的思想体系，成为汉代的官方统治哲学，对当时社会所提出的一系列哲学、政治、社会、历史问题，给予了较为系统的回答。

董仲舒认为孔子作春秋就是为汉朝立法而用，故将《春秋》推为至尊，看成治国理民的法典，凡遇到政治、法律等一切疑难问题，都从《春秋》中找答案，并从理论上加以论证，被称为"春秋决狱"。他的春秋法统说，大致有以下内容：

1.《春秋》"大一统"思想。要求统一，以君主为绝对权威，主张一切权力要集中到汉武帝手中。

2.除秦弊政，实行"更化"。从秦的弊政中吸取教训，提出"更化论"，用仁、义、礼、智、信"五道之长"调整治国策略，进行"更化"，制定出有利于维护封建统治长远利益的政策。

3."罢黜百家"，统一思想。董仲舒认为要维护大一统的局面，必须加强对人民的思想统治，于是提出了以儒家思想统治其他各家的主张，就是通常所说的"罢黜百家，独尊儒术"。

据《史记·儒林列传》记载，董仲舒"以治《春秋》，孝景时为博士。"又说：

"言《春秋》于齐、鲁自胡毋生，于赵自董仲舒。"后来曾做了汉朝宰相的公孙弘曾从学于胡毋生，但他治《春秋》亦"不如仲舒"。时瑕丘江公治《谷梁春秋》，"与仲舒并。"武帝曾令江公"与仲舒议"，即与仲舒当庭辩论。当时由于江公口才比不上董仲舒，所以辩论时吃了大亏。所以汉武帝"卒用董生"，并"尊公羊家"，并叫董仲舒给太子讲授《公羊春秋》。这个故事《史记》亦有简略记载。故此《史记·儒林列传》称："汉兴至于五世之间，唯董仲舒名为明于《春秋》，其传公羊氏也。"由此表明，董仲舒作为汉代《公羊春秋》的大师，是当之无愧的。

董仲舒之成为汉代的大儒，《公羊春秋》的大师，主要就在于他首推阴阳，错纵五行（五行为水、金、火、木、土），广纳博采，以"微言大义"的形式来解读《春秋》，从而构筑了一套新的儒学体系。特别是他又提出"罢黜百家，独尊儒术"的创议，把注经与选士、任贤结合起来，从此便结束了先秦的子学时代，开创了一个以治经、解经为治学方式的经学时代。

在西汉，首先盛行起来的是"今文经学"，到西汉后期，随着先秦古文经的发现，古文经学又盛行起来，直至东汉末，郑玄才把今、古经学融而为一。魏晋南北朝时期，经学又分为南北两派，即"南学"和"北学"。至唐，孔颖达奉命编定《五经正义》，以作为科举考试和取士的必读书及依据。到宋明时期，儒学发展为理学，以阐述经籍的义理为主。后来到了清朝的乾嘉时期，学者们继承古文经学的传统，注重训诂考据，又形成了所谓"乾嘉学派"。清朝中叶以后，今文经学又开始复兴，特别是随着变法维新的兴起，《公羊春秋》亦盛极一时。

由此可见，由董仲舒所开创的经学对中国古代文化影响之久远和深刻，他不愧为经学的创始人和一代经学大师。

综合先秦诸子

董仲舒喜欢兼容并蓄，在这一点，他颇像荀子。

董仲舒不仅专精于儒家经典，而且还吸取先秦诸子百家之学，使儒学和百家之学有机的结合、融合，形成了其新儒学体系，实现了综合，这种综合并不是机械的、外在的、简单叠加。

后世人评价董仲舒，说他是汉代的第一大儒，并不只是因为他提出了"独尊儒术"的倡议，从源头上来说在于他提出的理论体系核心是孔、孟的儒学。孔子是儒学的创始人，其所创立儒学的核心是仁，"仁"也是孔子在《论语》中使用频率最高的词之一。"仁"也是儒家学派与别的学派的最大差异。"仁"不但是施政的原则，而且具有道德方面的意义，而且还具有哲学上的人本涵义。这可以用"爱人""克己""人也"六个字予以表达。孟子之所以能够孔子之后的名儒，很大方面在于他继承和发挥了孔子的仁学。经过董仲舒改造了的儒学，不论其吸收了多少先秦诸子的思想，但始终没有丢掉"仁"字这个核心。无论是"天人感应"，还是"三纲""五常"，以及取法于天的王道论，其中心所贯穿的都是"仁"学。所以，仁德思想也是董氏儒学的核心。

作为构建董仲舒新儒学体系的构架的阴阳、五行，显然是从阴阳家、五行家吸收来的思想。正是因为董氏新儒学以阴阳、五行为构架，所以这一新儒学体系的大部分内容，如自然神论，"天人感应"，待教而善的人性，"变而有常"的天道，取法于天的王道乃至养生之术等，都与阴阳、五行相联系。在此特别应该提出的是，作为新儒学核心的"三纲""五常"和仁政、德治，其理论的载体不是别的，正是按照一定规律运行的阴阳和五行。

在西汉前期居于官方统治地位的思想是黄老道术，因此，董仲舒也从多方面吸收道家的思想，这不仅表现于他关于"阴阳刑德"的思想，而且还表现于人君必需效法于天的"藏形贵神""虚静无为""居无为之位""行不言之教""以臣言为声""以臣事为形"的君道，以及表现于对老子"以不求夺，以不问问"的权谋的运用，最后，还表现于以"爱气"为主的养身术。从这里可以看出，其所吸收的道家思想，并不是外在的、孤立的，而是与其有关君道的思想融为一体的。秦朝的灭亡给了汉朝统治者很多的启示。汉继秦总结亡秦的教训，认为最重要的就是它的"任刑不任德"。董仲舒所上《天人策》提出的重要改革主张，就是改变秦朝以来的严刑峻法，实行德治。不过，他不主张完全废弃刑罚，而是主张威德并用，德主刑辅。这样他就又吸收了法家的思想。首先是法家的君尊臣卑思想，他认为，"君不名恶，臣不名善"，功出于臣，名必归于君；其次是法家的赏罚分明的思想，"有功则赏，有罪则罚"，功多赏显，罪多罚重；最后是法家的思想，他认为人君必须具有"禁制"之权，以保其"能制"之势，"然后可得而劝"，又使有所恶，"然后可得而畏"，这样亦就"可得而制"了。这些正是董仲舒的王道思想的不可或缺的内容。

儒学在先秦时代虽然曾经被墨家的思想所遏制，但墨学仍然与儒学在先秦曾并称显学，两者自然有相通的地方，因此，董仲舒吸收墨家思想中的营养就毫不奇怪了。董仲舒思想中的墨家思想成分，总结归纳起来，大概有以下几条：①董仲舒提出的"以人随君，以君随天"，以及"事天"思想，显然正与墨家的"尚同"思想一致；②董仲舒的"天常以爱利为意，以养长为事"，与墨子的"天志"相通；③董仲舒的郊祀、祭天、祭祖又与墨子的"明鬼"的看法一致；④董仲舒的"博爱无私""泛爱群生"及"至于鸟兽昆虫莫不爱"，无疑同墨子的"兼爱"说一致；⑤董仲舒的"任贤"也正是墨子的"尚贤"主张；⑥董仲舒所谓"春秋无义战"，又和墨子的"非攻"思想非常相似。以上就是董仲舒从墨学中吸取来的思想，但董仲舒并不是简单地奉行"拿来主义"，而是融合为儒学的有机成分。

董仲舒在解释《公羊春秋》上所独创的辞指论和董仲舒"深察名号"的认识论就是吸纳了名辨家的思想成分。综合诸子百家思想的倾向，早在战国的中后期便已开始了。董仲舒的新儒学是真正地把先秦诸子百家融合为一体。虽然他号称汉代的大儒，但他实际上是以儒学为核心，广泛吸取了诸子百家之长，熔铸成了一个新的有机体系。也正是因此，他所创立的儒学才能为汉代的统治者所采纳，使儒家思想居于统治思想的王座，并有效地为封建统治阶级服务。否则，如果董仲舒还是固守先秦时期作为诸子百家一个门派的儒学思想，仅仅是代表一家之言，这样的儒术是绝对不会久居封建社会统治思想王座之上的。

董仲舒与胡毋生

《易》《书》《诗》《礼》《春秋》五经之中，董仲舒最擅长的还是《春秋》公羊学。《春秋》相传由孔子据鲁国史官所编《春秋》加以整理修订而成，记载自公元前722年至前481年共242年间的史事，是中国最早的编年体史书。他是孔子依据鲁史修撰的一部政治史。

据说孔子晚年见各国的统治者不按"道"行事，于是以著作史书褒贬历史的方法来寄托自己的政治理想和伦理观念。为了避免政治迫害，孔子在言语比较隐晦，它的真正所指只口授给弟子，并写在书中。孔子死后，弟子各自以孔子所说的辗转传授，于是逐渐形成不同的《春秋》版本。汉代流行有五家：即公羊春秋、谷梁春秋、左氏春秋、邹氏、夹氏。其中邹氏无师传，夹氏没有书，左氏藏于秘府，只有公羊、谷梁二传，言辞优美，含义丰富，最先流行开来，而公羊传能够在世间广泛地流传开来，则主要归功于董仲舒和胡毋生二人。

胡毋生，字子都，齐人，年龄比董仲舒稍长。他是汉代最早传公羊学的大师之一，也是首先将公羊师说写在竹帛上的人。徐彦在《公羊注疏·何体序疏》中说："子夏传予公羊高，高传予其子平，平传予其子地，地传予其子敢，敢传予其子寿。至景帝时，寿及其弟子齐人胡毋子都著于竹帛。"可见，胡毋生既是公羊春秋的嫡系正传，也是协助公羊寿将公羊师说著之竹帛，结束其没有文本，口耳相传历史的人。公羊学于此有案可查，有章可依，学说更加完备。同时，由于公羊有经本流传，也有利于学说的传扬。此外，胡毋生还归纳公羊义例，著有《公羊条例》一书，使公羊学说条理化，以便学者提纲挈领，掌握要点。

东汉末期何休作《公羊解访》，就曾"依胡毋生《条例》，多得其正"。胡毋生还亲自传学，扩大了公羊学的传授面。他景帝时为博士（官职名），与董仲舒同列。胡毋生年老的时候，回到故里教授《春秋》公羊学，"齐之言《春秋》者多受胡毋生"，武帝时的大丞相公孙弘就曾是胡毋生的弟子。

董仲舒对胡毋生也十分敬重，《汉书》说：胡毋生"与董仲舒同业，仲舒著书称其德。"又有人说："胡毋子都，贱为布衣，贫为鄙夫。然而乐义好礼，正行至死。故天下尊其身，而俗慕其声，甚可荣也！"唐徐彦在《公羊疏》中说："胡毋生本虽以《公羊经传》传授董氏，犹自别作《条例》。"这里认为以董仲舒为胡毋生的弟子。

但据《史记》："言《春秋》于齐鲁自胡毋生，于赵自董仲舒。"这表明胡董二人同时并治，并没有师徒关系。司马迁在《儒林列传》中，先写董仲舒而后才写胡毋生。《史记》中明确地指出："仲舒弟子送者：兰陵褚大，广川殷忠，温吕步舒。"表明董仲舒并非胡毋生弟子。所以陆德明在《释文序录》中说："汉兴，齐人胡毋生，赵人董仲舒，并治《公羊春秋》。兰陵褚大，东平嬴公，广州段仲，温吕步舒，皆仲舒弟子。"言之凿凿，不容混淆。

《四库提要·公羊疏提要》考《公羊传》中有"子沈子曰""子司马子曰""子女子曰""子北宫子曰"，又有"高子曰""鲁子曰"，认为"盖皆传授之经师，不尽出于公羊子。"然而在公羊氏家学外，也有很多精通《春秋》公羊学的大师，董仲舒何须拜胡毋生为老师呢？

又有《公羊疏》引《孝经说》说："子夏传与公羊氏，五世乃至胡毋生，董仲舒。"可见董生与胡毋生同为子夏六传弟子。当然，既然公羊寿和胡毋生是首先将《公羊传》写在竹帛的人，那么在经传的文本上，董生或许得益于胡毋生。至于其他，则不可知。董仲舒与胡毋生同治一经，但各自的贡献不一样。胡毋生笔录《公羊传》，并总结公羊例义，使其更加系统。董仲舒则在发挥《公羊传》微言大义，引经论事，甚至用《春秋》断狱，将经书与现实政治结合起来，发明独多。统言之二人都是公羊学大家，而且都是汉初传公羊的始师，但是细分起来，胡毋生限于说经，是学问家，是经师；董仲舒则长于论事，搞实用经学，是鸿儒。司马迁说："汉兴至于五世之间，唯董仲舒名为明于《春秋》。"正是从董仲舒能够援经以致用说的。胡董二人对《春秋》公羊学的大明于汉世，都卓有贡献，因此在景帝年间双双被任命为汉廷博士。

"天人合一" 说的发展

"天人合一"是我国古典哲学的根本观念之一。在儒家来看，天是道德观念和原则的本原，人心中的道德原则是上天赋予的，这种"天人合一"的观点乃是一种自然的，是一种不自觉的"合一"。但由于人类后天受到各种名利、欲望的蒙蔽，不能发现自己心中的道德原则。人类修行的目的，便是去除外界欲望的蒙蔽，"求其放心"，达到一种自觉地履行道德原则的境界，这就是孔子所说的"七十从心所欲而不逾矩"。

从"天人感应"论的由来来看，董仲舒的"天人感应"思想有着深刻的历史渊源和思想根源。早在董仲舒提出系统的"天人感应"论之前，《国语》《中庸》《易传》以及后来的《吕氏春秋》的有关部分就已表现了"天、人互相感应"和"灾异、符瑞"的思想。这一思想从萌发到形成经历了几百年的时间，过程虽然漫长，但是它的思想脉络却有着连续性、一致性。但这种"天人感应"说仅仅是在"天人合一"思想发展的一个阶段，在它之前和在它之后还各有一个阶段，所以它只是承前启后的一个中间环节。现将"天人合一"的观点作着重讲解：

1. 第一阶段。

在"天人感应"说之前的"天人合一"思想是很复杂，但也有其共通点，"天命论"就是其共通点。这种"天命论"的出现，当然必须是在人类具有了天帝或天神的观念之后才产生的。这是在我国的远古时代，即从五帝到夏王朝期间实现了从原始宗教到阶级社会宗教的转变，并使天神从地上升到天上，变成凌驾于人类之上、主宰人的命运的上帝之时才完成的。

据说此前神人混杂，只是到颛顼帝才实现了"绝地天通"，从而把天、人分开，但是在此期间，各部落的首领仍然与神相混。但夏禹在征伐三苗和有扈氏之时，即已把他的征讨看作"天之罚"，而其对内的统治则已称作"天命"。这样从夏代开始便产生了对天神的崇拜。

据考证，最崇拜天神的是商朝。如《尚书·汤誓》曰："有夏多罪，天命硕之"；又说："夏氏有罪，予畏上帝，不敢不正"。当然殷商之事神还表现于生活的各个方面，如《礼记·表记》所说"殷人尊神，率民以事神"。周朝继承了殷人尊"天"的思想，但有关"天"的观念又有了变化。"天"对殷人乃是一绝对命令，到周朝则不同，天命与人事已密切相关。天帝虽把臣民托付于人君来治理，但他每时每刻还要监视着人间的事情，察人君是否有失德之政，并随时在寻求适合人君的人，以此决定转换天命。例如，当看到夏王罪多之时，便命商汤"简代夏作民主"；后来又看到殷纣无道，且等待他五年之久，以期其改正错误，以"诞作民主"，但他"罔可念听"，最后只得"简畀殷命"，改以周人作民主。正是因此，周公从中得到了教训，提出了"敬德保民而王"的思想。周初的这个天命理论一直影响到春秋时期。

2. 第二阶段。

殷周两代关于"天人合一"的思想虽有不同，但有一个共同的观点，就是"天命论"。这个"天命"在周人那里虽增加了敬德保民的内容，但不需"感应"，而是天神直接"监观"得到；同时，这时的"天"仍然还是人格神，而不是后来带泛神论色彩的自然神。这就是这个"天人合一"的"天命论"与"天人感应"论的区别所在。

当然，它们作为"天人合一"思想的两个阶段，也有其相同地方：①后者继承了前者的天命；②天人"合德"。这就是说，因人合于天德，所以才有了天命。如殷、周有天命，都是因为商朝和周朝的先祖敬德的结果。"天人感应"论中天命的形成，虽然中间经过感应，但其受天命者亦是合于天德的。

3. 第三阶段。

宋明理学的"天人一理"论是"天人合一"说的第三个阶段。历史从汉唐进入宋明，此时，封建社会的政治、经济均已成熟，并开始从它的巅峰跌落。尽管地主阶级的改革派力图通过变法焕发它的活力，但在腐朽的大地主阶级看来，封建制度是永远不可变更的"天理"，因此，儒学的第三种形态"理学"应运而生，在先秦就已出现的"理"概念以及董仲舒所提出的"天理"，即此时便成了理学最基本和最高的概念。由此，"天人合一"说也摈弃了其粗糙的、带有神秘主义的"天人感应"的形式，而进入了它的第三种形态"天人一理"说。

"天人一理"说的创始人是程颢、程颐二兄弟。他们认为，天下"万物只是一个天理"；"天下之事归于一是，是乃理也"；"诚一于理，无所间杂，则天地人物，古今后世，融彻洞达，一体而已"。意思就是说：天、人和万物，虽是纷繁复杂，形态各异，但它们都可以统一于一个字——"理"。正是因此，在二程看来，"天人本无二""亦不必言合"，因为它们本来就是"一体"，只不过表现不同罢了。

朱熹对"天人一理"说就更明确了，如说：理无形无影、不生不灭、亘古亘今，"无所适不在"；"天下莫尊于理，故以帝名之"。朱熹在《朱子语类辑略》中说："未有天地之先，毕竟也只是理，有此理，便有此天地，若无此理，便亦无天地、无人、无物，都无该载了。"这些就进一步表明了天人之所以合一，乃在于天

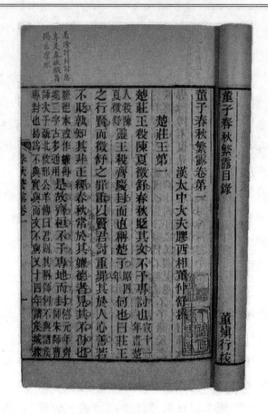

春秋繁露

人有着同一理，或者说天与人及万物。都是这个先于天地、如同"皇上帝"一样的理或天理所派生的，因而完全可以说理乃是天、人以至宇宙万物的上帝、造物主。这样就从另一个方面说明了理乃是天人合一的基础，同时也是天人合一的所在。

这个"理"的实质究竟是什么呢？其实很简单，就是维系封建社会的最根本的道理——"三纲"和"五常"，也就是所谓忠、孝、仁、义、礼、智、信等。这一点早在先秦时，孟子就讲过："心之所同然者，何也？谓理也，义也。"又说："君子所性，仁义礼智根于心。"宋儒也是这样讲的。如朱熹说："性是实理，仁义礼智皆具。"又说："理则为仁义礼智"。由此可见，宋明"天人一理"的"天人合一"，其核心正是封建的伦理纲常，这其实也就是封建社会的所谓"德"。因此，"天人合一"的第三个阶段，其合一的基础也是同前两个阶段一样，即天人合德。

通过"天人合一"说发展的三个阶段的讲述可以看出，"天人感应"所处"天人合一"说发展的三个阶段的中间阶段，与董氏儒学在儒学发展三种形态的中间阶段有些类似和相当，都起着承上启下的作用。

附录：董仲舒年谱

汉惠帝三年，公元前 192 年

董仲舒出生。

汉惠帝四—七年，公元前 191—前 188 年

董仲舒 2—5 岁。惠帝二年"除挟书律"，为孝文时"天下众书往往颇出，皆诸子传说"提供了可能，也为仲舒"少治《春秋》"创造了良好的社会环境。

高后元年—孝景后元三年，公元前 187—前 141 年

董仲舒 6—51 岁。其间社会发生了很大变化。先是高后重用吕氏外戚，被除。文帝时前元六年贾谊上治安策，前元十五年诏有司举贤良文学之士，并平定了淮南王、济北王之乱。孝景之时，胡毋生与董仲舒同为博士；前元三年，晁错建议削藩，吴、楚七国作乱，平定后"下令诸侯王不得复治国""天子为置吏"。大大加强了中央集权制。前元七年，改立刘彻为皇太子。

汉武帝建元元年，公元前 140 年

董仲舒 52 岁。据《汉书·武帝纪》载："建元元年，冬十月，诏丞相、御史、列侯、中二千石、二千石、诸侯相举贤良方正直言极谏之士。丞相绾奏：'所举贤良，或治申、商、韩非、苏秦、张仪之言，乱国政，请皆罢。'奏可"；"议立明堂，遣使者安车蒲轮，束帛加壁，征鲁申公"，开始崇儒。

汉武帝建元二年，公元前 139 年

董仲舒 53 岁。这一年，御史大夫赵绾、郎中令王臧"坐请毋奏事太皇太后"，皆下狱，自杀。丞相窦婴、太尉田蚡被免职。另外，这一年董仲舒"初置茂陵邑"。

汉武帝建元三车，公元前 138 年

董仲舒 54 岁。董仲舒可能就是此时徙居茂陵的。

汉武帝建元五—六年，公元前 136—前 135 年

董仲舒56—57岁。《汉书·武帝纪》载：五年春"置五经博士"。建元六年"春二月乙未，辽东高庙灾，夏四月壬子高园便殿火，上素服五日。五月丁亥，太皇太后崩。"

汉武帝元光元年，公元前134年

董仲舒58岁。这一年，董仲舒对策，被任为江都相。据《汉书·武帝纪》载，遮阴五月诏贤良，曰："贤良明于古今王事之体，受策察问；咸以书对著之于篇，朕亲览焉""于是董仲舒、公孙弘等出焉。"这一年二月董仲舒作《雨雹对》。

汉武帝元光二年，公元前133年

董仲舒59岁。江都相任内，作《止雨》；这一年主父偃被召见，并"岁中四迁"。

汉武帝元光五年，公元前130年

董仲舒62岁。这一年江都王上书，愿击匈奴，武帝不允。董仲舒中废为中大夫，居家。

汉武帝元光六年，公元前129年

董仲舒63岁。董仲舒居家，著灾异之记，主父偃窃其书奏之天子。天子召诸生，示其书。董之弟子吕步舒不知是其师书，以为下愚，于是下仲舒吏，"当死"，又"诏赦之"，并"复为中大夫"，但从此，"董仲舒竟不敢复言灾异"。

汉武帝元朔二年，公元前127年

董仲舒65岁。这一年"上拜偃为齐相"。偃告王与姊奸事，王"自杀""上大怒，以为偃劫其王""遂族偃"。同是这一年，董仲舒官复江都相。

汉武帝元朔三年，公元前126年

董仲舒66岁。《汉书·儒林传》称，武帝时韩婴尝与董仲舒论于上前，"仲舒不能难也"，此事应发生于此时前后。这一年公孙弘任御史大夫，张汤为廷尉。

汉武帝元朔五年，公元前124年

董仲舒68岁。是年公孙弘任丞相。董仲舒作《诣丞相公孙弘记室书》，说："江都相董仲舒……误被非任，无以称职。……愿君侯大开肖相国求贤、广选举之门。"然而董仲舒以弘为从谀，弘疾之，乃言上曰："独董仲舒可使相胶西王。"于是董仲舒又相胶西王。"胶西王闻仲舒大儒，善待之。"

汉武帝元朔六年，公元前123年

董仲舒69岁。胶西相任内。胶西王间"越有三仁"事，称"桓公决疑于管仲，寡人决疑于君"。董仲舒作《对胶西王越大夫不得为仁》，并提出："仁人者正其道不谋其利；修其理不急其功。"规劝胶西王不得妄生邪念。

汉武帝元狩元年，公元前122年

董仲舒70岁。据《汉书·董仲舒传》，"仲舒恐久获罪，病免。"《汉书·叙传》云："抑仰仲舒，再相诸侯，身修国治，致仕悬车。"

这一年十月，淮南王刘安、行山王刘赐谋反，都以自杀告终。据《汉书·董仲舒传》载："及去位归居，终不问家产业，以修学著书为事。仲舒在家，朝廷如有大议，使使者及廷尉张汤就其家而问之，其对皆有明法。"据此，《郊事对》及《春秋决狱》应系此时所作。

汉武帝元狩二年，公元前121年

董仲舒71岁。这一年，丞相公孙弘卒，廷尉张汤升迁为御史大夫。

汉武帝元符三年，公元前120年

董仲舒72岁。这一年，发生水灾，董仲舒作"乞种麦限田章"。

汉武帝元狩四—五年，公元前119—前118年

董仲舒73—74岁。据《汉书·食货志》董仲舒曾提出"限民名田"和"盐铁皆归于民"，及"去奴婢，除专杀之威，薄赋敛，省徭役，以宽民力"的主张。从提出盐铁专卖的时间看，此议当于此时。

汉武帝元狩六年—元封三年，公元前117—前108年

董仲舒75—84岁。此间元鼎二年，张汤自杀，汉武帝起柏梁台；元封元年武帝巡边陲，出长城，北登单于台，元封二年造甘泉通天台，又遣楼船将军杨仆等击朝鲜。董仲舒《循天之道》讲："高台多阳，广室多阴，远天地之和也"，可能作于此时。

汉武帝元封四年，公元前107年

董仲舒85岁。这一年，董仲舒应对御匈奴策，提出"与之厚利以没其意，以盟于天以坚其约，质其爱子以累其心"的主张。

汉武帝元封五年—太初元年，公元前106—前104年

董仲舒86—88岁。寿终于家。